PORTOGHESE

VOCABOLARIO

PER STUDIO AUTODIDATTICO

ITALIANO
PORTOGHESE

Le parole più utili
Per ampliare il proprio lessico e affinare
le proprie abilità linguistiche

5000 parole

Vocabolario Italiano-Portoghese Brasiliano per studio autodidattico - 5000 parole

Di Andrey Taranov

I vocabolari T&P Books si propongono come strumento di aiuto per apprendere, memorizzare e revisionare l'uso di termini stranieri. Il dizionario si divide in vari argomenti che includono la maggior parte delle attività quotidiane, tra cui affari, scienza, cultura, ecc.

Il processo di apprendimento delle parole attraverso i dizionari divisi in liste tematiche della collana T&P Books offre i seguenti vantaggi:

- Le fonti d'informazione correttamente raggruppate garantiscono un buon risultato nella memorizzazione delle parole
- La possibilità di memorizzare gruppi di parole con la stessa radice (piuttosto che memorizzarle separatamente)
- Piccoli gruppi di parole facilitano il processo di apprendimento per associazione, utile al potenziamento lessicale
- Il livello di conoscenza della lingua può essere valutato attraverso il numero di parole apprese

T&P Books Publishing
www.tpbooks.com

ISBN: 978-1-78767-462-2

Questo libro è disponibile anche in formato e-book.
Visitate il sito www.tpbooks.com o le principali librerie online.

VOCABOLARIO PORTOGHESE BRASILIANO
per studio autodidattico

I vocabolari T&P Books si propongono come strumento di aiuto per apprendere, memorizzare e revisionare l'uso di termini stranieri. Il vocabolario contiene oltre 5000 parole di uso comune ordinate per argomenti.

- Il vocabolario contiene le parole più comunemente usate
- È consigliato in aggiunta ad un corso di lingua
- Risponde alle esigenze degli studenti di lingue straniere sia essi principianti o di livello avanzato
- Pratico per un uso quotidiano, per gli esercizi di revisione e di autovalutazione
- Consente di valutare la conoscenza del proprio lessico

Caratteristiche specifiche del vocabolario:

- Le parole sono ordinate secondo il proprio significato e non alfabeticamente
- Le parole sono riportate in tre colonne diverse per facilitare il metodo di revisione e autovalutazione
- I gruppi di parole sono divisi in sottogruppi per facilitare il processo di apprendimento
- Il vocabolario offre una pratica e semplice trascrizione fonetica per ogni termine straniero

Il vocabolario contiene 155 argomenti tra cui:

Concetti di Base, Numeri, Colori, Mesi, Stagioni, Unità di Misura, Abbigliamento e Accessori, Cibo e Alimentazione, Ristorante, Membri della Famiglia, Parenti, Personalità, Sentimenti, Emozioni, Malattie, Città, Visita Turistica, Acquisti, Denaro, Casa, Ufficio, Lavoro d'Ufficio, Import-export, Marketing, Ricerca di un Lavoro, Sport, Istruzione, Computer, Internet, Utensili, Natura, Paesi, Nazionalità e altro ancora …

INDICE

GUIDA ALLA PRONUNCIA

Alfabeto fonetico T&P	Esempio portoghese	Esempio italiano

Vocali

[a]	baixo ['baɪʃu]	macchia
[e]	erro ['eʀu]	meno, leggere
[ɛ]	leve ['lɛvə]	centro
[i]	lancil [lã'sil]	vittoria
[o], [ɔ]	boca, orar ['bokə], [ɔ'raɾ]	notte
[u]	urgente [ur'ʒẽtə]	prugno
[ã]	toranja [tu'rãʒə]	[a] nasale
[ẽ]	gente ['ʒẽtə]	[e] nasale
[ĩ]	seringa [sə'rĩgə]	[i] nasale
[õ]	ponto ['põtu]	[o] nasale
[ũ]	umbigo [ũ'bigu]	[u] nasale

Consonanti

[b]	banco ['bãku]	bianco
[d]	duche ['duʃə]	doccia
[dʒ]	abade [a'badʒi]	piangere
[f]	facto ['faktu]	ferrovia
[g]	gorila [gu'rilə]	guerriero
[j]	feira ['fejrə]	New York
[k]	claro ['klaru]	cometa
[l]	Londres ['lõdrəʃ]	saluto
[ʎ]	molho ['moʎu]	milione
[m]	montanha [mõ'tɐɲə]	mostra
[n]	novela [nu'vɛlə]	notte
[ɲ]	senhora [sə'ɲorə]	stagno
[ŋ]	marketing ['marketiŋ]	anche
[p]	prata ['pratə]	pieno
[s]	safira [sə'firə]	sapere
[ʃ]	texto ['tɛʃtu]	ruscello
[t]	teto ['tɛtu]	tattica
[tʃ]	doente [do'ẽtʃi]	cinque
[v]	alvo ['alvu]	volare
[z]	vizinha [vi'ziɲə]	rosa
[ʒ]	juntos ['ʒũtuʃ]	beige
[w]	sequoia [sə'kwɔjə]	week-end

ABBREVIAZIONI
usate nel vocabolario

Italiano. Abbreviazioni

agg	-	aggettivo
anim.	-	animato
avv	-	avverbio
cong	-	congiunzione
ecc.	-	eccetera
f	-	sostantivo femminile
f pl	-	femminile plurale
fem.	-	femminile
form.	-	formale
inanim.	-	inanimato
inform.	-	familiare
m	-	sostantivo maschile
m pl	-	maschile plurale
m, f	-	maschile, femminile
masc.	-	maschile
mil.	-	militare
pl	-	plurale
pron	-	pronome
qc	-	qualcosa
qn	-	qualcuno
sing.	-	singolare
v aus	-	verbo ausiliare
vi	-	verbo intransitivo
vi, vt	-	verbo intransitivo, transitivo
vr	-	verbo riflessivo
vt	-	verbo transitivo

Portoghese. Abbreviazioni

f	-	sostantivo femminile
f pl	-	femminile plurale
m	-	sostantivo maschile
m pl	-	maschile plurale
m, f	-	maschile, femminile
pl	-	plurale
v aux	-	verbo ausiliare
vi	-	verbo intransitivo
vi, vt	-	verbo intransitivo, transitivo

| **vr** | - | verbo riflessivo |
| **vt** | - | verbo transitivo |

CONCETTI DI BASE

Concetti di base. Parte 1

1. Pronomi

| io | eu | ['ew] |
| tu | você | [vɔ'se] |

| lui | ele | ['ɛli] |
| lei | ela | ['ɛla] |

noi	nós	[nɔs]
voi	vocês	[vɔ'ses]
loro (masc.)	eles	['ɛlis]
loro (fem.)	elas	['ɛlas]

2. Saluti. Convenevoli. Saluti di congedo

Salve!	Oi!	[ɔj]
Buongiorno!	Olá!	[o'la]
Buongiorno! (la mattina)	Bom dia!	[bõ 'dʒia]
Buon pomeriggio!	Boa tarde!	['boa 'tardʒi]
Buonasera!	Boa noite!	['boa 'nojtʃi]

salutare (vt)	cumprimentar (vt)	[kũprimẽ'tar]
Ciao! Salve!	Oi!	[ɔj]
saluto (m)	saudação (f)	[sawda'sãw]
salutare (vt)	saudar (vt)	[saw'dar]
Come sta?	Como você está?	['kɔmu vo'se is'ta]
Come stai?	Como vai?	['kɔmu 'vaj]
Che c'è di nuovo?	E aí, novidades?	[a a'i novi'dadʒis]

Arrivederci!	Tchau!	['tʃaw]
A presto!	Até breve!	[a'tɛ 'brɛvi]
Addio!	Adeus!	[a'dews]
congedarsi (vr)	despedir-se (vr)	[dʒispe'dʒirsi]
Ciao! (A presto!)	Até mais!	[a'tɛ majs]

Grazie!	Obrigado! -a!	[obri'gadu, -a]
Grazie mille!	Muito obrigado! -a!	['mwĩtu obri'gadu, -a]
Prego	De nada	[de 'nada]
Non c'è di che!	Não tem de quê	['nãw tẽj de ke]
Di niente	Não foi nada!	['nãw foj 'nada]

| Scusa! | Desculpa! | [dʒis'kuwpa] |
| Scusi! | Desculpe! | [dʒis'kuwpe] |

scusare (vt)	desculpar (vt)	[dʒiskuw'par]
scusarsi (vr)	desculpar-se (vr)	[dʒiskuw'parsi]
Chiedo scusa	Me desculpe	[mi dʒis'kuwpe]
Mi perdoni!	Desculpe!	[dʒis'kuwpe]
perdonare (vt)	perdoar (vt)	[per'dwar]
Non fa niente	Não faz mal	['nãw fajʒ maw]
per favore	por favor	[por fa'vor]
Non dimentichi!	Não se esqueça!	['nãw si is'kesa]
Certamente!	Com certeza!	[kõ ser'teza]
Certamente no!	Claro que não!	['klaru ki 'nãw]
D'accordo!	Está bem! De acordo!	[is'ta bẽj], [de a'kordu]
Basta!	Chega!	['ʃega]

3. Come rivolgersi

Mi scusi!	Desculpe ...	[dʒis'kuwpe]
signore	senhor	[se'ɲor]
signora	senhora	[se'ɲora]
signorina	senhorita	[seɲo'rita]
signore	jovem	['ʒovẽ]
ragazzo	menino	[me'ninu]
ragazza	menina	[me'nina]

4. Numeri cardinali. Parte 1

zero (m)	zero	['zɛru]
uno	um	[ũ]
due	dois	['dojs]
tre	três	[tres]
quattro	quatro	['kwatru]
cinque	cinco	['sĩku]
sei	seis	[sejs]
sette	sete	['sɛtʃi]
otto	oito	['ojtu]
nove	nove	['nɔvi]
dieci	dez	[dɛz]
undici	onze	['õzi]
dodici	doze	['dozi]
tredici	treze	['trezi]
quattordici	catorze	[ka'torzi]
quindici	quinze	['kĩzi]
sedici	dezesseis	[deze'sejs]
diciassette	dezessete	[dezi'setʃi]
diciotto	dezoito	[dʒi'zojtu]
diciannove	dezenove	[deze'nɔvi]
venti	vinte	['vĩtʃi]
ventuno	vinte e um	['vĩtʃi i ũ]

| ventidue | vinte e dois | ['vĩtʃi i 'dojs] |
| ventitre | vinte e três | ['vĩtʃi i 'tres] |

trenta	trinta	['trĩta]
trentuno	trinta e um	['trĩta i ũ]
trentadue	trinta e dois	['trĩta i 'dojs]
trentatre	trinta e três	['trĩta i 'tres]

quaranta	quarenta	[kwa'rẽta]
quarantuno	quarenta e um	[kwa'rẽta i 'ũ]
quarantadue	quarenta e dois	[kwa'rẽta i 'dojs]
quarantatre	quarenta e três	[kwa'rẽta i 'tres]

cinquanta	cinquenta	[sĩ'kwẽta]
cinquantuno	cinquenta e um	[sĩ'kwẽta i ũ]
cinquantadue	cinquenta e dois	[sĩ'kwẽta i 'dojs]
cinquantatre	cinquenta e três	[sĩ'kwẽta i 'tres]

sessanta	sessenta	[se'sẽta]
sessantuno	sessenta e um	[se'sẽta i ũ]
sessantadue	sessenta e dois	[se'sẽta i 'dojs]
sessantatre	sessenta e três	[se'sẽta i 'tres]

settanta	setenta	[se'tẽta]
settantuno	setenta e um	[se'tẽta i ũ]
settantadue	setenta e dois	[se'tẽta i 'dojs]
settantatre	setenta e três	[se'tẽta i 'tres]

ottanta	oitenta	[oj'tẽta]
ottantuno	oitenta e um	[oj'tẽta i 'ũ]
ottantadue	oitenta e dois	[oj'tẽta i 'dojs]
ottantatre	oitenta e três	[oj'tẽta i 'tres]

novanta	noventa	[no'vẽta]
novantuno	noventa e um	[no'vẽta i 'ũ]
novantadue	noventa e dois	[no'vẽta i 'dojs]
novantatre	noventa e três	[no'vẽta i 'tres]

5. Numeri cardinali. Parte 2

cento	cem	[sẽ]
duecento	duzentos	[du'zẽtus]
trecento	trezentos	[tre'zẽtus]
quattrocento	quatrocentos	[kwatro'sẽtus]
cinquecento	quinhentos	[ki'ɲẽtus]

seicento	seiscentos	[sej'sẽtus]
settecento	setecentos	[sete'sẽtus]
ottocento	oitocentos	[ojtu'sẽtus]
novecento	novecentos	[nove'sẽtus]

mille	mil	[miw]
duemila	dois mil	['dojs miw]
tremila	três mil	['tres miw]

diecimila	dez mil	['dɛz miw]
centomila	cem mil	[sẽ miw]
milione (m)	um milhão	[ũ mi'ʎãw]
miliardo (m)	um bilhão	[ũ bi'ʎãw]

6. Numeri ordinali

primo	primeiro	[pri'mejru]
secondo	segundo	[se'gũdu]
terzo	terceiro	[ter'sejru]
quarto	quarto	['kwartu]
quinto	quinto	['kĩtu]

sesto	sexto	['sestu]
settimo	sétimo	['sɛtʃimu]
ottavo	oitavo	[oj'tavu]
nono	nono	['nonu]
decimo	décimo	['dɛsimu]

7. Numeri. Frazioni

frazione (f)	fração (f)	[fra'sãw]
un mezzo	um meio	[ũ 'meju]
un terzo	um terço	[ũ 'tersu]
un quarto	um quarto	[ũ 'kwartu]

un ottavo	um oitavo	[ũ oj'tavu]
un decimo	um décimo	[ũ 'dɛsimu]
due terzi	dois terços	['dojs 'tersus]
tre quarti	três quartos	[tres 'kwartus]

8. Numeri. Operazioni aritmetiche di base

sottrazione (f)	subtração (f)	[subtra'sãw]
sottrarre (vt)	subtrair (vi, vt)	[subtra'ir]
divisione (f)	divisão (f)	[dʒivi'zãw]
dividere (vt)	dividir (vt)	[dʒivi'dʒir]

addizione (f)	adição (f)	[adʒi'sãw]
addizionare (vt)	somar (vt)	[so'mar]
aggiungere (vt)	adicionar (vt)	[adʒisjo'nar]
moltiplicazione (f)	multiplicação (f)	[muwtʃiplika'sãw]
moltiplicare (vt)	multiplicar (vt)	[muwtʃipli'kar]

9. Numeri. Varie

cifra (f)	algarismo, dígito (m)	[awga'rizmu], ['dʒiʒitu]
numero (m)	número (m)	['numeru]

numerale (m)	numeral (m)	[nume'raw]
meno (m)	sinal (m) de menos	[si'naw de 'menus]
più (m)	mais (m)	[majs]
formula (f)	fórmula (f)	['fɔrmula]

calcolo (m)	cálculo (m)	['kawkulu]
contare (vt)	contar (vt)	[kõ'tar]
calcolare (vt)	calcular (vt)	[kawku'lar]
comparare (vt)	comparar (vt)	[kõpa'rar]

| Quanto? | Quanto? | ['kwãtu] |
| Quanti? | Quantos? -as? | ['kwãtus, -as] |

somma (f)	soma (f)	['sɔma]
risultato (m)	resultado (m)	[hezuw'tadu]
resto (m)	resto (m)	['hɛstu]

qualche ...	alguns, algumas ...	[aw'gũs], [aw'gumas]
alcuni, pochi (non molti)	poucos, poucas	['pokus], ['pokas]
poco (non molto)	um pouco ...	[ũ 'poku]
resto (m)	resto (m)	['hɛstu]
uno e mezzo	um e meio	[ũ i 'meju]
dozzina (f)	dúzia (f)	['duzja]

in due	ao meio	[aw 'meju]
in parti uguali	em partes iguais	[ẽ 'partʃis i'gwais]
metà (f), mezzo (m)	metade (f)	[me'tadʒi]
volta (f)	vez (f)	[vez]

10. I verbi più importanti. Parte 1

accorgersi (vr)	perceber (vt)	[perse'ber]
afferrare (vt)	pegar (vt)	[pe'gar]
affittare (dare in affitto)	alugar (vt)	[alu'gar]
aiutare (vt)	ajudar (vt)	[aʒu'dar]
amare (qn)	amar (vt)	[a'mar]

andare (camminare)	ir (vi)	[ir]
annotare (vt)	anotar (vt)	[ano'tar]
appartenere (vi)	pertencer (vt)	[pertẽ'ser]
aprire (vt)	abrir (vt)	[a'brir]
arrivare (vi)	chegar (vi)	[ʃe'gar]
aspettare (vt)	esperar (vt)	[ispe'rar]

avere (vt)	ter (vt)	[ter]
avere fame	ter fome	[ter 'fɔmi]
avere fretta	apressar-se (vr)	[apre'sarsi]

avere paura	ter medo	[ter 'medu]
avere sete	ter sede	[ter 'sedʒi]
avvertire (vt)	advertir (vt)	[adʒiver'tʃir]
cacciare (vt)	caçar (vi)	[ka'sar]
cadere (vi)	cair (vi)	[ka'ir]
cambiare (vt)	mudar (vt)	[mu'dar]

capire (vt)	entender (vt)	[ẽtẽ'der]
cenare (vi)	jantar (vi)	[ʒã'tar]
cercare (vt)	buscar (vt)	[bus'kar]
cessare (vt)	cessar (vt)	[se'sar]
chiedere (~ aiuto)	chamar (vt)	[ʃa'mar]
chiedere (domandare)	perguntar (vt)	[pergũ'tar]
cominciare (vt)	começar (vt)	[kome'sar]
comparare (vt)	comparar (vt)	[kõpa'rar]
confondere (vt)	confundir (vt)	[kõfũ'dʒir]
conoscere (qn)	conhecer (vt)	[koɲe'ser]
conservare (vt)	guardar (vt)	[gwar'dar]
consigliare (vt)	aconselhar (vt)	[akõse'ʎar]
contare (calcolare)	contar (vt)	[kõ'tar]
contare su ...	contar com ...	[kõ'tar kõ]
continuare (vt)	continuar (vt)	[kõtʃi'nwar]
controllare (vt)	controlar (vt)	[kõtro'lar]
correre (vi)	correr (vi)	[ko'her]
costare (vt)	custar (vt)	[kus'tar]
creare (vt)	criar (vt)	[krjar]
cucinare (vi)	preparar (vt)	[prepa'rar]

11. I verbi più importanti. Parte 2

dare (vt)	dar (vt)	[dar]
dare un suggerimento	dar uma dica	[dar 'uma 'dʒika]
decorare (adornare)	decorar (vt)	[deko'rar]
difendere (~ un paese)	defender (vt)	[defẽ'der]
dimenticare (vt)	esquecer (vt)	[iske'ser]
dire (~ la verità)	dizer (vt)	[dʒi'zer]
dirigere (compagnia, ecc.)	dirigir (vt)	[dʒiri'ʒir]
discutere (vt)	discutir (vt)	[dʒisku'tʃir]
domandare (vt)	pedir (vt)	[pe'dʒir]
dubitare (vi)	duvidar (vt)	[duvi'dar]
entrare (vi)	entrar (vi)	[ẽ'trar]
esigere (vt)	exigir (vt)	[ezi'ʒir]
esistere (vi)	existir (vi)	[ezis'tʃir]
essere (~ a dieta)	estar (vi)	[is'tar]
essere (~ un insegnante)	ser (vi)	[ser]
essere d'accordo	concordar (vi)	[kõkor'dar]
fare (vt)	fazer (vt)	[fa'zer]
fare colazione	tomar café da manhã	[to'mar ka'fɛ da ma'ɲã]
fare il bagno	ir nadar	[ir na'dar]
fermarsi (vr)	parar (vi)	[pa'rar]
fidarsi (vr)	confiar (vt)	[kõ'fjar]
finire (vt)	acabar, terminar (vt)	[aka'bar], [termi'nar]
firmare (~ un documento)	assinar (vt)	[asi'nar]
giocare (vi)	brincar, jogar (vi, vt)	[brĩ'kar], [ʒo'gar]

girare (~ a destra)	virar (vi)	[vi'rar]
gridare (vi)	gritar (vi)	[gri'tar]
indovinare (vt)	adivinhar (vt)	[adʒivi'ɲar]
informare (vt)	informar (vt)	[ĩfor'mar]

ingannare (vt)	enganar (vt)	[ẽga'nar]
insistere (vi)	insistir (vi)	[ĩsis'tʃir]
insultare (vt)	insultar (vt)	[ĩsuw'tar]
interessarsi di ...	interessar-se (vr)	[ĩtere'sarsi]
invitare (vt)	convidar (vt)	[kõvi'dar]

lamentarsi (vr)	queixar-se (vr)	[kej'ʃarsi]
lasciar cadere	deixar cair (vt)	[dej'ʃar ka'ir]
lavorare (vi)	trabalhar (vi)	[traba'ʎar]
leggere (vi, vt)	ler (vt)	[ler]
liberare (vt)	libertar, liberar (vt)	[liber'tar], [libe'rar]

12. I verbi più importanti. Parte 3

mancare le lezioni	faltar a ...	[faw'tar a]
mandare (vt)	enviar (vt)	[ẽ'vjar]
menzionare (vt)	mencionar (vt)	[mẽsjo'nar]
minacciare (vt)	ameaçar (vt)	[amea'sar]
mostrare (vt)	mostrar (vt)	[mos'trar]

nascondere (vt)	esconder (vt)	[iskõ'der]
nuotare (vi)	nadar (vi)	[na'dar]
obiettare (vt)	objetar (vt)	[obʒe'tar]
occorrere (vimp)	ser necessário	[ser nese'sarju]
ordinare (~ il pranzo)	pedir (vt)	[pe'dʒir]

ordinare (mil.)	ordenar (vt)	[orde'nar]
osservare (vt)	observar (vt)	[obser'var]
pagare (vi, vt)	pagar (vt)	[pa'gar]
parlare (vi, vt)	falar (vi)	[fa'lar]
partecipare (vi)	participar (vi)	[partʃisi'par]

pensare (vi, vt)	pensar (vi, vt)	[pẽ'sar]
perdonare (vt)	perdoar (vt)	[per'dwar]
permettere (vt)	permitir (vt)	[permi'tʃir]
piacere (vi)	gostar (vt)	[gos'tar]
piangere (vi)	chorar (vi)	[ʃo'rar]

pianificare (vt)	planejar (vt)	[plane'ʒar]
possedere (vt)	possuir (vt)	[po'swir]
potere (v aus)	poder (vi)	[po'der]
pranzare (vi)	almoçar (vi)	[awmo'sar]
preferire (vt)	preferir (vt)	[prefe'rir]

pregare (vi, vt)	rezar, orar (vi)	[he'zar], [o'rar]
prendere (vt)	pegar (vt)	[pe'gar]
prevedere (vt)	prever (vt)	[pre'ver]
promettere (vt)	prometer (vt)	[prome'ter]
pronunciare (vt)	pronunciar (vt)	[pronũ'sjar]

proporre (vt)	propor (vt)	[pro'por]
punire (vt)	punir (vt)	[pu'nir]
raccomandare (vt)	recomendar (vt)	[ɦekomē'dar]
ridere (vi)	rir (vi)	[ɦir]
rifiutarsi (vr)	negar-se (vt)	[ne'garsi]

rincrescere (vi)	arrepender-se (vr)	[aɦepē'dersi]
ripetere (ridire)	repetir (vt)	[ɦepe'tʃir]
riservare (vt)	reservar (vt)	[ɦezer'var]
rispondere (vi, vt)	responder (vt)	[ɦespõ'der]
rompere (spaccare)	quebrar (vt)	[ke'brar]
rubare (~ i soldi)	roubar (vt)	[ho'bar]

13. I verbi più importanti. Parte 4

salvare (≈ la vita a qn)	salvar (vt)	[saw'var]
sapere (vt)	saber (vt)	[sa'ber]
sbagliare (vi)	errar (vi)	[e'har]
scavare (vt)	cavar (vt)	[ka'var]
scegliere (vt)	escolher (vt)	[isko'ʎer]

scendere (vi)	descer (vi)	[de'ser]
scherzare (vi)	brincar (vi)	[brĩ'kar]
scrivere (vt)	escrever (vt)	[iskre'ver]
scusare (vt)	desculpar (vt)	[dʒiskuw'par]
scusarsi (vr)	desculpar-se (vr)	[dʒiskuw'parsi]

sedersi (vr)	sentar-se (vr)	[sē'tarsi]
seguire (vt)	seguir ...	[se'gir]
sgridare (vt)	ralhar, repreender (vt)	[ha'ʎar], [heprjē'der]
significare (vt)	significar (vt)	[signifi'kar]
sorridere (vi)	sorrir (vi)	[so'hir]

sottovalutare (vt)	subestimar (vt)	[subestʃi'mar]
sparare (vi)	disparar, atirar (vi)	[dʒispa'rar], [atʃi'rar]
sperare (vi, vt)	esperar (vi, vt)	[ispe'rar]
spiegare (vt)	explicar (vt)	[ispli'kar]
studiare (vt)	estudar (vt)	[istu'dar]

stupirsi (vr)	surpreender-se (vr)	[surprjē'dersi]
tacere (vi)	ficar em silêncio	[fi'kar ē si'lēsju]
tentare (vt)	tentar (vt)	[tē'tar]
toccare (~ con le mani)	tocar (vt)	[to'kar]
tradurre (vt)	traduzir (vt)	[tradu'zir]

trovare (vt)	encontrar (vt)	[ēkõ'trar]
uccidere (vt)	matar (vt)	[ma'tar]
udire (percepire suoni)	ouvir (vt)	[o'vir]
unire (vt)	unir (vt)	[u'nir]
uscire (vi)	sair (vi)	[sa'ir]

vantarsi (vr)	gabar-se (vr)	[ga'barsi]
vedere (vt)	ver (vt)	[ver]
vendere (vt)	vender (vt)	[vē'der]

| volare (vi) | **voar** (vi) | [vo'ar] |
| volere (desiderare) | **querer** (vt) | [ke'rer] |

14. Colori

colore (m)	**cor** (f)	[kɔr]
sfumatura (f)	**tom** (m)	[tõ]
tono (m)	**tonalidade** (m)	[tonali'daʤi]
arcobaleno (m)	**arco-íris** (m)	['arku 'iris]
bianco (agg)	**branco**	['brãku]
nero (agg)	**preto**	['pretu]
grigio (agg)	**cinza**	['sĩza]
verde (agg)	**verde**	['verʤi]
giallo (agg)	**amarelo**	[ama'rɛlu]
rosso (agg)	**vermelho**	[ver'meʎu]
blu (agg)	**azul**	[a'zuw]
azzurro (agg)	**azul claro**	[a'zuw 'klaru]
rosa (agg)	**rosa**	['hɔza]
arancione (agg)	**laranja**	[la'rãʒa]
violetto (agg)	**violeta**	[vjo'leta]
marrone (agg)	**marrom**	[ma'hõ]
d'oro (agg)	**dourado**	[do'radu]
argenteo (agg)	**prateado**	[pra'tʃjadu]
beige (agg)	**bege**	['bɛʒi]
color crema (agg)	**creme**	['krɛmi]
turchese (agg)	**turquesa**	[tur'keza]
rosso ciliegia (agg)	**vermelho cereja**	[ver'meʎu se'reʒa]
lilla (agg)	**lilás**	[li'las]
rosso lampone (agg)	**carmim**	[kah'mĩ]
chiaro (agg)	**claro**	['klaru]
scuro (agg)	**escuro**	[is'kuru]
vivo, vivido (agg)	**vivo**	['vivu]
colorato (agg)	**de cor**	[de kɔr]
a colori	**a cores**	[a 'kores]
bianco e nero (agg)	**preto e branco**	['pretu i 'brãku]
in tinta unita	**de uma só cor**	[de 'uma sɔ kɔr]
multicolore (agg)	**multicolor**	[muwtʃiko'lor]

15. Domande

Chi?	**Quem?**	[kẽj]
Che cosa?	**O que?**	[u ki]
Dove? (in che luogo?)	**Onde?**	['õʤi]
Dove? (~ vai?)	**Para onde?**	['para 'õʤi]
Di dove?, Da dove?	**De onde?**	[de 'õʤi]

Quando?	Quando?	['kwãdu]
Perché? (per quale scopo?)	Para quê?	['para ke]
Perché? (per quale ragione?)	Por quê?	[por 'ke]

Per che cosa?	Para quê?	['para ke]
Come?	Como?	['kɔmu]
Che? (~ colore è?)	Qual?	[kwaw]
Quale?	Qual?	[kwaw]

A chi?	A quem?	[a kẽj]
Di chi?	De quem?	[de kẽj]
Di che cosa?	Do quê?	[du ke]
Con chi?	Com quem?	[kõ kẽj]

Quanti?	Quantos? -as?	['kwãtus, -as]
Quanto?	Quanto?	['kwãtu]
Di chi?	De quem?	[de kẽj]

16. Preposizioni

con (tè ~ il latte)	com	[kõ]
senza	sem	[sẽ]
a (andare ~ ...)	a ..., para ...	[a], ['para]
di (parlare ~ ...)	sobre ...	['sobri]
prima di ...	antes de ...	['ãtʃis de]
di fronte a ...	em frente de ...	[ẽ 'frẽtʃi de]

sotto (avv)	debaixo de ...	[de'baɪʃu de]
sopra (al di ~)	sobre ..., em cima de ...	['sobri], [ẽ 'sima de]
su (sul tavolo, ecc.)	em ..., sobre ...	[ẽ], ['sobri]
da, di (via da ..., fuori di ...)	de ...	[de]
di (fatto ~ cartone)	de ...	[de]

| fra (~ dieci minuti) | em ... | [ẽ] |
| attraverso (dall'altra parte) | por cima de ... | [por 'sima de] |

17. Parole grammaticali. Avverbi. Parte 1

Dove?	Onde?	['õdʒi]
qui (in questo luogo)	aqui	[a'ki]
lì (in quel luogo)	lá, ali	[la], [a'li]

| da qualche parte (essere ~) | em algum lugar | [ẽ aw'gũ lu'gar] |
| da nessuna parte | em lugar nenhum | [ẽ lu'gar ne'ɲũ] |

| vicino a ... | perto de ... | ['pɛrtu de] |
| vicino alla finestra | perto da janela | ['pɛrtu da ʒa'nɛla] |

Dove?	Para onde?	['para 'õdʒi]
qui (vieni ~)	aqui	[a'ki]
ci (~ vado stasera)	para lá	['para la]
da qui	daqui	[da'ki]

da lì	de lá, dali	[de la], [da'li]
vicino, accanto (avv)	perto	['pɛrtu]
lontano (avv)	longe	['lõʒi]
vicino (~ a Parigi)	perto de ...	['pɛrtu de]
vicino (qui ~)	à mão, perto	[a mãw], ['pɛrtu]
non lontano	não fica longe	['nãw 'fika 'lõʒi]
sinistro (agg)	esquerdo	[is'kerdu]
a sinistra (rimanere ~)	à esquerda	[a is'kerda]
a sinistra (girare ~)	para a esquerda	['para a is'kerda]
destro (agg)	direito	[dʒi'rejtu]
a destra (rimanere ~)	à direita	[a dʒi'rejta]
a destra (girare ~)	para a direita	['para a dʒi'rejta]
davanti	em frente	[ẽ 'frẽtʃi]
anteriore (agg)	da frente	[da 'frẽtʃi]
avanti	adiante	[a'dʒjãtʃi]
dietro (avv)	atrás de ...	[a'trajs de]
da dietro	de trás	[de trajs]
indietro	para trás	['para trajs]
mezzo (m), centro (m)	meio (m), metade (f)	['meju], [me'tadʒi]
in mezzo, al centro	no meio	[nu 'meju]
di fianco	do lado	[du 'ladu]
dappertutto	em todo lugar	[ẽ 'todu lu'gar]
attorno	por todos os lados	[por 'todus os 'ladus]
da dentro	de dentro	[de 'dẽtru]
da qualche parte (andare ~)	para algum lugar	['para aw'gũ lu'gar]
dritto (direttamente)	diretamente	[dʒireta'mẽtʃi]
indietro	de volta	[de 'vɔwta]
da qualsiasi parte	de algum lugar	[de aw'gũ lu'gar]
da qualche posto (veniamo ~)	de algum lugar	[de aw'gũ lu'gar]
in primo luogo	em primeiro lugar	[ẽ pri'mejru lu'gar]
in secondo luogo	em segundo lugar	[ẽ se'gũdu lu'gar]
in terzo luogo	em terceiro lugar	[ẽ ter'sejru lu'gar]
all'improvviso	de repente	[de he'pẽtʃi]
all'inizio	no início	[nu i'nisju]
per la prima volta	pela primeira vez	['pɛla pri'mejra 'vez]
molto tempo prima di...	muito antes de ...	['mwĩtu 'ãtʃis de]
di nuovo	de novo	[de 'novu]
per sempre	para sempre	['para 'sẽpri]
mai	nunca	['nũka]
ancora	de novo	[de 'novu]
adesso	agora	[a'gɔra]
spesso (avv)	frequentemente	[frekwẽtʃi'mẽtʃi]
allora	então	[ẽ'tãw]

| urgentemente | urgentemente | [urʒēte'mētʃi] |
| di solito | normalmente | [nɔrmaw'mētʃi] |

a proposito, ...	a propósito, ...	[a pro'pɔzitu]
è possibile	é possível	[ɛ po'sivew]
probabilmente	provavelmente	[provavɛw'mētʃi]
forse	talvez	[taw'vez]
inoltre ...	além disso, ...	[a'lēj 'dʒisu]
ecco perché ...	por isso ...	[por 'isu]
nonostante (~ tutto)	apesar de ...	[ape'zar de]
grazie a ...	graças a ...	['grasas a]

che cosa (pron)	que	[ki]
che (cong)	que	[ki]
qualcosa (qualsiasi cosa)	algo	[awgu]
qualcosa (le serve ~?)	alguma coisa	[aw'guma 'kojza]
niente	nada	['nada]

chi (pron)	quem	[kēj]
qualcuno (annuire a ~)	alguém	[aw'gēj]
qualcuno (dipendere da ~)	alguém	[aw'gēj]

nessuno	ninguém	[nĩ'gēj]
da nessuna parte	para lugar nenhum	['para lu'gar ne'ɲũ]
di nessuno	de ninguém	[de nĩ'gēj]
di qualcuno	de alguém	[de aw'gēj]

così (era ~ arrabbiato)	tão	[tãw]
anche (penso ~ a ...)	também	[tã'bēj]
anche, pure	também	[tã'bēj]

18. Parole grammaticali. Avverbi. Parte 2

Perché?	Por quê?	[por 'ke]
per qualche ragione	por alguma razão	[por aw'guma ha'zãw]
perché ...	porque ...	[por'ke]
per qualche motivo	por qualquer razão	[por kwaw'ker ha'zãw]

e (cong)	e	[i]
o (sì ~ no?)	ou	['o]
ma (però)	mas	[mas]
per (~ me)	para	['para]

troppo	muito, demais	['mwĩtu], [dʒi'majs]
solo (avv)	só, somente	[sɔ], [sɔ'mētʃi]
esattamente	exatamente	[ɛzata'mētʃi]
circa (~ 10 dollari)	cerca de ...	['serka de]

approssimativamente	aproximadamente	[aprosimada'mēti]
approssimativo (agg)	aproximado	[aprosi'madu]
quasi	quase	['kwazi]
resto	resto (m)	['hɛstu]
l'altro (~ libro)	o outro	[u 'otru]
altro (differente)	outro	['otru]

ogni (agg)	cada	['kada]
qualsiasi (agg)	qualquer	[kwaw'ker]
molti	muitos, muitas	['mwĩtos], ['mwĩtas]
molto (avv)	muito	['mwĩtu]
molta gente	muitas pessoas	['mwĩtas pe'soas]
tutto, tutti	todos	['todus]
in cambio di ...	em troca de ...	[ẽ 'trɔka de]
in cambio	em troca	[ẽ 'trɔka]
a mano (fatto ~)	à mão	[a mãw]
poco probabile	pouco provável	['poku pro'vavew]
probabilmente	provavelmente	[provavɛw'mẽtʃi]
apposta	de propósito	[de pro'pɔzitu]
per caso	por acidente	[por asi'dẽtʃi]
molto (avv)	muito	['mwĩtu]
per esempio	por exemplo	[por e'zẽplu]
fra (~ due)	entre	['ẽtri]
fra (~ più di due)	entre, no meio de ...	['ẽtri], [nu 'meju de]
tanto (quantità)	tanto	['tãtu]
soprattutto	especialmente	[ispesjal'mẽte]

Concetti di base. Parte 2

19. Giorni della settimana

lunedì (m)	segunda-feira (f)	[se'gũda-'fejra]
martedì (m)	terça-feira (f)	['tersa 'fejra]
mercoledì (m)	quarta-feira (f)	['kwarta-'fejra]
giovedì (m)	quinta-feira (f)	['kĩta-'fejra]
venerdì (m)	sexta-feira (f)	['sesta-'fejra]
sabato (m)	sábado (m)	['sabadu]
domenica (f)	domingo (m)	[do'mĩgu]
oggi (avv)	hoje	['oʒi]
domani	amanhã	[ama'ɲã]
dopodomani	depois de amanhã	[de'pojs de ama'ɲã]
ieri (avv)	ontem	['õtẽ]
l'altro ieri	anteontem	[ãtʃi'õtẽ]
giorno (m)	dia (m)	['dʒia]
giorno (m) lavorativo	dia (m) de trabalho	['dʒia de tra'baʎu]
giorno (m) festivo	feriado (m)	[fe'rjadu]
giorno (m) di riposo	dia (m) de folga	['dʒia de 'fɔwga]
fine (m) settimana	fim (m) de semana	[fĩ de se'mana]
tutto il giorno	o dia todo	[u 'dʒia 'todu]
l'indomani	no dia seguinte	[nu 'dʒia se'gĩtʃi]
due giorni fa	há dois dias	[a 'dojs 'dʒias]
il giorno prima	na véspera	[na 'vɛspera]
quotidiano (agg)	diário	['dʒjarju]
ogni giorno	todos os dias	['todus us 'dʒias]
settimana (f)	semana (f)	[se'mana]
la settimana scorsa	na semana passada	[na se'mana pa'sada]
la settimana prossima	semana que vem	[se'mana ke vẽj]
settimanale (agg)	semanal	[sema'naw]
ogni settimana	toda semana	['tɔda se'mana]
due volte alla settimana	duas vezes por semana	['duas 'vezis por se'mana]
ogni martedì	toda terça-feira	['tɔda tersa 'fejra]

20. Ore. Giorno e notte

mattina (f)	manhã (f)	[ma'ɲã]
di mattina	de manhã	[de ma'ɲã]
mezzogiorno (m)	meio-dia (m)	['meju 'dʒia]
nel pomeriggio	à tarde	[a 'tardʒi]
sera (f)	tardinha (f)	[tar'dʒiɲa]
di sera	à tardinha	[a tar'dʒiɲa]

notte (f)	noite (f)	['nojtʃi]
di notte	à noite	[a 'nojtʃi]
mezzanotte (f)	meia-noite (f)	['meja 'nojtʃi]

secondo (m)	segundo (m)	[se'gũdu]
minuto (m)	minuto (m)	[mi'nutu]
ora (f)	hora (f)	['ɔra]
mezzora (f)	meia hora (f)	['meja 'ɔra]
un quarto d'ora	quarto (m) de hora	['kwartu de 'ɔra]
quindici minuti	quinze minutos	['kĩzi mi'nutus]
ventiquattro ore	vinte e quatro horas	['vĩtʃi i 'kwatru 'ɔras]

levata (f) del sole	nascer (m) do sol	[na'ser du sɔw]
alba (f)	amanhecer (m)	[amaɲe'ser]
mattutino (m)	madrugada (f)	[madru'gada]
tramonto (m)	pôr-do-sol (m)	[por du 'sɔw]

di buon mattino	de madrugada	[de madru'gada]
stamattina	esta manhã	['ɛsta ma'ɲã]
domattina	amanhã de manhã	[ama'ɲã de ma'ɲã]

oggi pomeriggio	esta tarde	['ɛsta 'tardʒi]
nel pomeriggio	à tarde	[a 'tardʒi]
domani pomeriggio	amanhã à tarde	[ama'ɲã a 'tardʒi]

| stasera | esta noite, hoje à noite | ['ɛsta 'nojtʃi], ['oʒi a 'nojtʃi] |
| domani sera | amanhã à noite | [ama'ɲã a 'nojtʃi] |

alle tre precise	às três horas em ponto	[as tres 'ɔras ẽ 'põtu]
verso le quattro	por volta das quatro	[por 'vowta das 'kwatru]
per le dodici	às doze	[as 'dozi]

fra venti minuti	em vinte minutos	[ẽ 'vĩtʃi mi'nutus]
fra un'ora	em uma hora	[ẽ 'uma 'ɔra]
puntualmente	a tempo	[a 'tẽpu]

un quarto di …	… um quarto para	[… ũ 'kwartu 'para]
entro un'ora	dentro de uma hora	['dẽtru de 'uma 'ɔra]
ogni quindici minuti	a cada quinze minutos	[a 'kada 'kĩzi mi'nutus]
giorno e notte	as vinte e quatro horas	[as 'vĩtʃi i 'kwatru 'ɔras]

21. Mesi. Stagioni

gennaio (m)	janeiro (m)	[ʒa'nejru]
febbraio (m)	fevereiro (m)	[feve'rejru]
marzo (m)	março (m)	['marsu]
aprile (m)	abril (m)	[a'briw]
maggio (m)	maio (m)	['maju]
giugno (m)	junho (m)	['ʒuɲu]

luglio (m)	julho (m)	['ʒuʎu]
agosto (m)	agosto (m)	[a'gostu]
settembre (m)	setembro (m)	[se'tẽbru]
ottobre (m)	outubro (m)	[o'tubru]

| novembre (m) | novembro (m) | [no'vẽbru] |
| dicembre (m) | dezembro (m) | [de'zẽbru] |

primavera (f)	primavera (f)	[prima'vɛra]
in primavera	na primavera	[na prima'vɛra]
primaverile (agg)	primaveril	[primave'riw]

estate (f)	verão (m)	[ve'rãw]
in estate	no verão	[nu ve'rãw]
estivo (agg)	de verão	[de ve'rãw]

autunno (m)	outono (m)	[o'tɔnu]
in autunno	no outono	[nu o'tɔnu]
autunnale (agg)	outonal	[oto'naw]

inverno (m)	inverno (m)	[ĩ'vɛrnu]
in inverno	no inverno	[nu ĩ'vɛrnu]
invernale (agg)	de inverno	[de ĩ'vɛrnu]

mese (m)	mês (m)	[mes]
questo mese	este mês	['estʃi mes]
il mese prossimo	mês que vem	['mes ki vẽj]
il mese scorso	no mês passado	[no mes pa'sadu]

un mese fa	um mês atrás	[ũ 'mes a'trajs]
fra un mese	em um mês	[ẽ ũ mes]
fra due mesi	em dois meses	[ẽ dojs 'mezis]
un mese intero	todo o mês	['todu u mes]
per tutto il mese	um mês inteiro	[ũ mes ĩ'tejru]

mensile (rivista ~)	mensal	[mẽ'saw]
mensilmente	mensalmente	[mẽsaw'mẽtʃi]
ogni mese	todo mês	['todu 'mes]
due volte al mese	duas vezes por mês	['duas 'vezis por mes]

anno (m)	ano (m)	['anu]
quest'anno	este ano	['estʃi 'anu]
l'anno prossimo	ano que vem	['anu ki vẽj]
l'anno scorso	no ano passado	[nu 'anu pa'sadu]

un anno fa	há um ano	[a ũ 'anu]
fra un anno	em um ano	[ẽ ũ 'anu]
fra due anni	dentro de dois anos	['dẽtru de 'dojs 'anus]
un anno intero	todo o ano	['todu u 'anu]
per tutto l'anno	um ano inteiro	[ũ 'anu ĩ'tejru]

ogni anno	cada ano	['kada 'anu]
annuale (agg)	anual	[a'nwaw]
annualmente	anualmente	[anwaw'mẽte]
quattro volte all'anno	quatro vezes por ano	['kwatru 'vezis por 'anu]

data (f) (~ di oggi)	data (f)	['data]
data (f) (~ di nascita)	data (f)	['data]
calendario (m)	calendário (m)	[kalẽ'darju]
mezz'anno (m)	meio ano	['meju 'anu]
semestre (m)	seis meses	[sejs 'mezis]

| stagione (f) (estate, ecc.) | estação (f) | [ista'sãw] |
| secolo (m) | século (m) | ['sɛkulu] |

22. Unità di misura

peso (m)	peso (m)	['pezu]
lunghezza (f)	comprimento (m)	[kõpri'mẽtu]
larghezza (f)	largura (f)	[lar'gura]
altezza (f)	altura (f)	[aw'tura]
profondità (f)	profundidade (f)	[profũdʒi'dadʒi]
volume (m)	volume (m)	[vo'lumi]
area (f)	área (f)	['arja]

grammo (m)	grama (m)	['grama]
milligrammo (m)	miligrama (m)	[mili'grama]
chilogrammo (m)	quilograma (m)	[kilo'grama]
tonnellata (f)	tonelada (f)	[tune'lada]
libbra (f)	libra (f)	['libra]
oncia (f)	onça (f)	['õsa]

metro (m)	metro (m)	['mɛtru]
millimetro (m)	milímetro (m)	[mi'limetru]
centimetro (m)	centímetro (m)	[sẽ'tʃimetru]
chilometro (m)	quilômetro (m)	[ki'lometru]
miglio (m)	milha (f)	['miʎa]

pollice (m)	polegada (f)	[pole'gada]
piede (f)	pé (m)	[pɛ]
iarda (f)	jarda (f)	['ʒarda]

| metro (m) quadro | metro (m) quadrado | ['mɛtru kwa'dradu] |
| ettaro (m) | hectare (m) | [ek'tari] |

litro (m)	litro (m)	['litru]
grado (m)	grau (m)	[graw]
volt (m)	volt (m)	['vɔwtʃi]
ampere (m)	ampère (m)	[ã'pɛri]
cavallo vapore (m)	cavalo (m) de potência	[ka'valu de po'tẽsja]

quantità (f)	quantidade (f)	[kwãtʃi'dadʒi]
un po' di ...	um pouco de ...	[ũ 'poku de]
metà (f)	metade (f)	[me'tadʒi]

| dozzina (f) | dúzia (f) | ['duzja] |
| pezzo (m) | peça (f) | ['pɛsa] |

| dimensione (f) | tamanho (m), dimensão (f) | [ta'maɲu], [dʒimẽ'sãw] |
| scala (f) (modello in ~) | escala (f) | [is'kala] |

minimo (agg)	mínimo	['minimu]
minore (agg)	menor, mais pequeno	[me'nɔr], [majs pe'kenu]
medio (agg)	médio	['mɛdʒju]
massimo (agg)	máximo	['masimu]
maggiore (agg)	maior, mais grande	[ma'jɔr], [majs 'grãdʒi]

23. Contenitori

barattolo (m) di vetro	pote (m) de vidro	['pɔtʃi de 'vidru]
latta, lattina (f)	lata (f)	['lata]
secchio (m)	balde (m)	['bawdʒi]
barile (m), botte (f)	barril (m)	[ba'hiw]
catino (m)	bacia (f)	[ba'sia]
serbatoio (m) (per liquidi)	tanque (m)	['tãki]
fiaschetta (f)	cantil (m) de bolso	[kã'tʃiw dʒi 'bowsu]
tanica (f)	galão (m) de gasolina	[ga'lãw de gazo'lina]
cisterna (f)	cisterna (f)	[sis'tɛrna]
tazza (f)	caneca (f)	[ka'nɛka]
tazzina (f) (~ di caffé)	xícara (f)	['ʃikara]
piattino (m)	pires (m)	['piris]
bicchiere (m) (senza stelo)	copo (m)	['kɔpu]
calice (m)	taça (f) de vinho	['tasa de 'viɲu]
casseruola (f)	panela (f)	[pa'nɛla]
bottiglia (f)	garrafa (f)	[ga'hafa]
collo (m) (~ della bottiglia)	gargalo (m)	[gar'galu]
caraffa (f)	jarra (f)	['ʒaha]
brocca (f)	jarro (m)	['ʒahu]
recipiente (m)	recipiente (m)	[hesi'pjẽtʃi]
vaso (m) di coccio	pote (m)	['pɔtʃi]
vaso (m) di fiori	vaso (m)	['vazu]
boccetta (f) (~ di profumo)	frasco (m)	['frasku]
fiala (f)	frasquinho (m)	[fras'kiɲu]
tubetto (m)	tubo (m)	['tubu]
sacco (m) (~ di patate)	saco (m)	['saku]
sacchetto (m) (~ di plastica)	sacola (f)	[sa'kɔla]
pacchetto (m) (~ di sigarette, ecc.)	maço (m)	['masu]
scatola (f) (~ per scarpe)	caixa (f)	['kaɪʃa]
cassa (f) (~ di vino, ecc.)	caixote (m)	[kaj'ʃotʃi]
cesta (f)	cesto (m)	['sestu]

ESSERE UMANO

Essere umano. Il corpo umano

24. Testa

testa (f)	cabeça (f)	[ka'besa]
viso (m)	rosto, cara (f)	['hostu], ['kara]
naso (m)	nariz (m)	[na'riz]
bocca (f)	boca (f)	['boka]
occhio (m)	olho (m)	['oʎu]
occhi (m pl)	olhos (m pl)	['oʎus]
pupilla (f)	pupila (f)	[pu'pila]
sopracciglio (m)	sobrancelha (f)	[sobrã'seʎa]
ciglio (m)	cílio (f)	['silju]
palpebra (f)	pálpebra (f)	['pawpebra]
lingua (f)	língua (f)	['lĩgwa]
dente (m)	dente (m)	['dẽtʃi]
labbra (f pl)	lábios (m pl)	['labjus]
zigomi (m pl)	maçãs (f pl) do rosto	[ma'sãs du 'hostu]
gengiva (f)	gengiva (f)	[ʒẽ'ʒiva]
palato (m)	palato (m)	[pa'latu]
narici (f pl)	narinas (f pl)	[na'rinas]
mento (m)	queixo (m)	['kejʃu]
mascella (f)	mandíbula (f)	[mã'dʒibula]
guancia (f)	bochecha (f)	[bo'ʃeʃa]
fronte (f)	testa (f)	['tɛsta]
tempia (f)	têmpora (f)	['tẽpora]
orecchio (m)	orelha (f)	[o'reʎa]
nuca (f)	costas (f pl) da cabeça	['kɔstas da ka'besa]
collo (m)	pescoço (m)	[pes'kosu]
gola (f)	garganta (f)	[gar'gãta]
capelli (m pl)	cabelo (m)	[ka'belu]
pettinatura (f)	penteado (m)	[pẽ'tʃjadu]
taglio (m)	corte (m) de cabelo	['kɔrtʃi de ka'belu]
parrucca (f)	peruca (f)	[pe'ruka]
baffi (m pl)	bigode (m)	[bi'gɔdʒi]
barba (f)	barba (f)	['barba]
portare (~ la barba, ecc.)	ter (vt)	[ter]
treccia (f)	trança (f)	['trãsa]
basette (f pl)	suíças (f pl)	['swisas]
rosso (agg)	ruivo	['hwivu]
brizzolato (agg)	grisalho	[gri'zaʎu]

| calvo (agg) | careca | [ka'rɛka] |
| calvizie (f) | calva (f) | ['kawvu] |

| coda (f) di cavallo | rabo-de-cavalo (m) | ['habu-de-ka'valu] |
| frangetta (f) | franja (f) | ['frãʒa] |

25. Corpo umano

| mano (f) | mão (f) | [mãw] |
| braccio (m) | braço (m) | ['brasu] |

dito (m)	dedo (m)	['dedu]
dito (m) del piede	dedo (m) do pé	['dedu du pɛ]
pollice (m)	polegar (m)	[pole'gar]
mignolo (m)	dedo (m) mindinho	['dedu mĩ'dʒiɲu]
unghia (f)	unha (f)	['uɲa]

pugno (m)	punho (m)	['puɲu]
palmo (m)	palma (f)	['pawma]
polso (m)	pulso (m)	['puwsu]
avambraccio (m)	antebraço (m)	[ãtʃi'brasu]
gomito (m)	cotovelo (m)	[koto'velu]
spalla (f)	ombro (m)	['õbru]

gamba (f)	perna (f)	['pɛrna]
pianta (f) del piede	pé (m)	[pɛ]
ginocchio (m)	joelho (m)	[ʒo'eʎu]
polpaccio (m)	panturrilha (f)	[pãtu'hiʎa]
anca (f)	quadril (m)	[kwa'driw]
tallone (m)	calcanhar (m)	[kawka'ɲar]

corpo (m)	corpo (m)	['korpu]
pancia (f)	barriga (f), ventre (m)	[ba'higa], ['vẽtri]
petto (m)	peito (m)	['pejtu]
seno (m)	seio (m)	['seju]
fianco (m)	lado (m)	['ladu]
schiena (f)	costas (f pl)	['kɔstas]
zona (f) lombare	região (f) lombar	[he'ʒjãw lõ'bar]
vita (f)	cintura (f)	[sĩ'tura]

ombelico (m)	umbigo (m)	[ũ'bigu]
natiche (f pl)	nádegas (f pl)	['nadegas]
sedere (m)	traseiro (m)	[tra'zejru]

neo (m)	sinal (m), pinta (f)	[si'naw], ['pĩta]
voglia (f) (~ di fragola)	sinal (m) de nascença	[si'naw de na'sẽsa]
tatuaggio (m)	tatuagem (f)	[ta'twaʒẽ]
cicatrice (f)	cicatriz (f)	[sika'triz]

Abbigliamento e Accessori

26. Indumenti. Soprabiti

vestiti (m pl)	roupa (f)	['hopa]
soprabito (m)	roupa (f) exterior	['hopa iste'rjor]
abiti (m pl) invernali	roupa (f) de inverno	['hopa de ĩ'vɛrnu]
cappotto (m)	sobretudo (m)	[sobri'tudu]
pelliccia (f)	casaco (m) de pele	[kaz'aku de 'pɛli]
pellicciotto (m)	jaqueta (f) de pele	[ʒa'keta de 'pɛli]
piumino (m)	casaco (m) acolchoado	[ka'zaku akow'ʃwadu]
giubbotto (m), giaccha (f)	casaco (m), jaqueta (f)	[kaz'aku], [ʒa'keta]
impermeabile (m)	impermeável (m)	[ĩper'mjavew]
impermeabile (agg)	a prova d'água	[a 'prɔva 'dagwa]

27. Men's & women's clothing

camicia (f)	camisa (f)	[ka'miza]
pantaloni (m pl)	calça (f)	['kawsa]
jeans (m pl)	jeans (m)	['dʒins]
giacca (f) (~ di tweed)	paletó, terno (m)	[pale'tɔ], ['tɛrnu]
abito (m) da uomo	terno (m)	['tɛrnu]
abito (m)	vestido (m)	[ves'tʃidu]
gonna (f)	saia (f)	['saja]
camicetta (f)	blusa (f)	['bluza]
giacca (f) a maglia	casaco (m) de malha	[ka'zaku de 'maʎa]
giacca (f) tailleur	casaco, blazer (m)	[ka'zaku], ['blejzer]
maglietta (f)	camiseta (f)	[kami'zɛta]
pantaloni (m pl) corti	short (m)	['ʃortʃi]
tuta (f) sportiva	training (m)	['trejnĩŋ]
accappatoio (m)	roupão (m) de banho	[ho'pãw de 'baɲu]
pigiama (m)	pijama (m)	[pi'ʒama]
maglione (m)	suéter (m)	['swɛter]
pullover (m)	pulôver (m)	[pu'lover]
gilè (m)	colete (m)	[ko'letʃi]
frac (m)	fraque (m)	['fraki]
smoking (m)	smoking (m)	[iz'mokĩs]
uniforme (f)	uniforme (m)	[uni'fɔrmi]
tuta (f) da lavoro	roupa (f) de trabalho	['hopa de tra'baʎu]
salopette (f)	macacão (m)	[maka'kãws]
camice (m) (~ del dottore)	jaleco (m), bata (f)	[ʒa'lɛku], ['bata]

28. Abbigliamento. Biancheria intima

biancheria (f) intima	roupa (f) íntima	['hopa 'īt∫ima]
boxer (m pl)	cueca boxer (f)	['kwɛka 'bɔkser]
mutandina (f)	calcinha (f)	[kaw'siɲa]
maglietta (f) intima	camiseta (f)	[kami'zɛta]
calzini (m pl)	meias (f pl)	['mejas]
camicia (f) da notte	camisola (f)	[kami'zɔla]
reggiseno (m)	sutiã (m)	[su'tʃjã]
calzini (m pl) alti	meias longas (f pl)	['mejas 'lõgas]
collant (m)	meias-calças (f pl)	['mejas 'kalsas]
calze (f pl)	meias (f pl)	['mejas]
costume (m) da bagno	maiô (m)	[ma'jo]

29. Copricapo

cappello (m)	chapéu (m), touca (f)	[ʃa'pɛw], ['toka]
cappello (m) di feltro	chapéu (m) de feltro	[ʃa'pɛw de 'fewtru]
cappello (m) da baseball	boné (m) de beisebol	[bo'nɛ de bejsi'bɔw]
coppola (f)	boina (f)	['bojna]
basco (m)	boina (f) francesa	['bojna frã'seza]
cappuccio (m)	capuz (m)	[ka'puz]
panama (m)	chapéu panamá (m)	[ʃa'pɛw pana'ma]
berretto (m) a maglia	touca (f)	['toka]
fazzoletto (m) da capo	lenço (m)	['lẽsu]
cappellino (m) donna	chapéu (m) feminino	[ʃa'pɛw femi'ninu]
casco (m) (~ di sicurezza)	capacete (m)	[kapa'setʃi]
bustina (f)	bibico (m)	[bi'biko]
casco (m) (~ moto)	capacete (m)	[kapa'setʃi]
bombetta (f)	chapéu-coco (m)	[ʃa'pɛw 'koku]
cilindro (m)	cartola (f)	[kar'tɔla]

30. Calzature

calzature (f pl)	calçado (m)	[kaw'sadu]
stivaletti (m pl)	botinas (f pl), sapatos (m pl)	[bo'tʃinas], [sapa'tõjs]
scarpe (f pl)	sapatos (m pl)	[sa'patus]
stivali (m pl)	botas (f pl)	['bɔtas]
pantofole (f pl)	pantufas (f pl)	[pã'tufas]
scarpe (f pl) da tennis	tênis (m pl)	['tenis]
scarpe (f pl) da ginnastica	tênis (m pl)	['tenis]
sandali (m pl)	sandálias (f pl)	[sã'dalias]
calzolaio (m)	sapateiro (m)	[sapa'tejru]
tacco (m)	salto (m)	['sawtu]

paio (m)	par (m)	[par]
laccio (m)	cadarço (m)	[ka'darsu]
allacciare (vt)	amarrar os cadarços	[ama'har us ka'darsus]
calzascarpe (m)	calçadeira (f)	[kawsa'dejra]
lucido (m) per le scarpe	graxa (f) para calçado	['graʃa 'para kaw'sadu]

31. Accessori personali

guanti (m pl)	luva (f)	['luva]
manopole (f pl)	mitenes (f pl)	[mi'tɛnes]
sciarpa (f)	cachecol (m)	[kaʃe'kɔw]
occhiali (m pl)	óculos (m pl)	['ɔkulus]
montatura (f)	armação (f)	[arma'sãw]
ombrello (m)	guarda-chuva (m)	['gwarda 'ʃuva]
bastone (m)	bengala (f)	[bẽ'gala]
spazzola (f) per capelli	escova (f) para o cabelo	[is'kova 'para u ka'belu]
ventaglio (m)	leque (m)	['lɛki]
cravatta (f)	gravata (f)	[gra'vata]
cravatta (f) a farfalla	gravata-borboleta (f)	[gra'vata borbo'leta]
bretelle (f pl)	suspensórios (m pl)	[suspẽ'sɔrjus]
fazzoletto (m)	lenço (m)	['lẽsu]
pettine (m)	pente (m)	['pẽtʃi]
fermaglio (m)	fivela (f) para cabelo	[fi'vɛla 'para ka'belu]
forcina (f)	grampo (m)	['grãpu]
fibbia (f)	fivela (f)	[fi'vɛla]
cintura (f)	cinto (m)	['sĩtu]
spallina (f)	alça (f) de ombro	['awsa de 'õbru]
borsa (f)	bolsa (f)	['bowsa]
borsetta (f)	bolsa, carteira (f)	['bowsa], [kar'tejra]
zaino (m)	mochila (f)	[mo'ʃila]

32. Abbigliamento. Varie

moda (f)	moda (f)	['mɔda]
di moda	na moda	[na 'mɔda]
stilista (m)	estilista (m)	[istʃi'lista]
collo (m)	colarinho (m)	[kola'riɲu]
tasca (f)	bolso (m)	['bowsu]
tascabile (agg)	de bolso	[de 'bowsu]
manica (f)	manga (f)	['mãga]
asola (f) per appendere	ganchinho (m)	[gã'ʃiɲu]
patta (f) (~ dei pantaloni)	bragueta (f)	[bra'gwetʃi]
cerniera (f) lampo	zíper (m)	['ziper]
chiusura (f)	colchete (m)	[kow'ʃetʃi]
bottone (m)	botão (m)	[bo'tãw]

| occhiello (m) | botoeira (f) | [bo'twejra] |
| staccarsi (un bottone) | soltar-se (vr) | [sow'tarsi] |

cucire (vi, vt)	costurar (vi)	[kostu'rar]
ricamare (vi, vt)	bordar (vt)	[bor'dar]
ricamo (m)	bordado (m)	[bor'dadu]
ago (m)	agulha (f)	[a'guʎa]
filo (m)	fio, linha (f)	['fiu], ['liɲa]
cucitura (f)	costura (f)	[kos'tura]

sporcarsi (vr)	sujar-se (vr)	[su'ʒarsi]
macchia (f)	mancha (f)	['mãʃa]
sgualcirsi (vr)	amarrotar-se (vr)	[amaho'tarse]
strappare (vt)	rasgar (vt)	[haz'gar]
tarma (f)	traça (f)	['trasa]

33. Cura della persona. Cosmetici

dentifricio (m)	pasta (f) de dente	['pasta de 'dẽtʃi]
spazzolino (m) da denti	escova (f) de dente	[is'kova de 'dẽtʃi]
lavarsi i denti	escovar os dentes	[isko'var us 'dẽtʃis]

rasoio (m)	gilete (f)	[ʒi'lɛtʃi]
crema (f) da barba	creme (m) de barbear	['krɛmi de bar'bjar]
rasarsi (vr)	barbear-se (vr)	[bar'bjarsi]

| sapone (m) | sabonete (m) | [sabo'netʃi] |
| shampoo (m) | xampu (m) | [ʃã'pu] |

forbici (f pl)	tesoura (f)	[te'zora]
limetta (f)	lixa (f) de unhas	['liʃa de 'uɲas]
tagliaunghie (m)	corta-unhas (m)	['kɔrta 'uɲas]
pinzette (f pl)	pinça (f)	['pĩsa]

cosmetica (f)	cosméticos (m pl)	[koz'mɛtʃikus]
maschera (f) di bellezza	máscara (f)	['maskara]
manicure (m)	manicure (f)	[mani'kuri]
fare la manicure	fazer as unhas	[fa'zer as 'uɲas]
pedicure (m)	pedicure (f)	[pedi'kure]

borsa (f) del trucco	bolsa (f) de maquiagem	['bowsa de ma'kjaʒẽ]
cipria (f)	pó (m)	[pɔ]
portacipria (m)	pó (m) compacto	[pɔ kõ'paktu]
fard (m)	blush (m)	[blaʃ]

profumo (m)	perfume (m)	[per'fumi]
acqua (f) da toeletta	água-de-colônia (f)	['agwa de ko'lonja]
lozione (f)	loção (f)	[lo'sãw]
acqua (f) di Colonia	colônia (f)	[ko'lonja]

ombretto (m)	sombra (f) de olhos	['sõbra de 'oʎus]
eyeliner (m)	delineador (m)	[delinja'dor]
mascara (m)	máscara (f), rímel (m)	['maskara], ['himew]
rossetto (m)	batom (m)	['batõ]

smalto (m)	esmalte (m)	[iz'mawtʃi]
lacca (f) per capelli	laquê (m), spray fixador (m)	[la'ke], [is'prej fiksa'dor]
deodorante (m)	desodorante (m)	[dʒizodo'rãtʃi]

crema (f)	creme (m)	['krɛmi]
crema (f) per il viso	creme (m) de rosto	['krɛmi de 'hostu]
crema (f) per le mani	creme (m) de mãos	['krɛmi de 'mãws]
crema (f) antirughe	creme (m) antirrugas	['krɛmi ãtʃi'hugas]
crema (f) da giorno	creme (m) de dia	['krɛmi de 'dʒia]
crema (f) da notte	creme (m) de noite	['krɛmi de 'nojtʃi]
da giorno	de dia	[de 'dʒia]
da notte	da noite	[da 'nojtʃi]

tampone (m)	absorvente (m) interno	[absor'vẽtʃi ĩ'tɛrnu]
carta (f) igienica	papel (m) higiênico	[pa'pɛw i'ʒjeniku]
fon (m)	secador (m) de cabelo	[seka'dor de ka'belu]

34. Orologi da polso. Orologio

orologio (m) (~ da polso)	relógio (m) de pulso	[he'lɔʒu de 'puwsu]
quadrante (m)	mostrador (m)	[mostra'dor]
lancetta (f)	ponteiro (m)	[põ'tejru]
braccialetto (m)	bracelete (f) em aço	[brase'letʃi ẽ 'asu]
cinturino (m)	bracelete (f) em couro	[brase'letʃi ẽ 'koru]

pila (f)	pilha (f)	['piʎa]
essere scarico	acabar (vi)	[aka'bar]
cambiare la pila	trocar a pilha	[tro'kar a 'piʎa]
andare avanti	estar adiantado	[is'tar adʒjã'tadu]
andare indietro	estar atrasado	[is'tar atra'zadu]

orologio (m) da muro	relógio (m) de parede	[he'lɔʒu de pa'redʒi]
clessidra (f)	ampulheta (f)	[ãpu'ʎeta]
orologio (m) solare	relógio (m) de sol	[he'lɔʒu de sɔw]
sveglia (f)	despertador (m)	[dʒisperta'dor]
orologiaio (m)	relojoeiro (m)	[helo'ʒwejru]
riparare (vt)	reparar (vt)	[hepa'rar]

Cibo. Alimentazione

35. Cibo

carne (f)	carne (f)	['karni]
pollo (m)	galinha (f)	[ga'liɲa]
pollo (m) novello	frango (m)	['frãgu]
anatra (f)	pato (m)	['patu]
oca (f)	ganso (m)	['gãsu]
cacciagione (f)	caça (f)	['kasa]
tacchino (m)	peru (m)	[pe'ru]
maiale (m)	carne (f) de porco	['karni de 'porku]
vitello (m)	carne (f) de vitela	['karni de vi'tɛla]
agnello (m)	carne (f) de carneiro	['karni de kar'nejru]
manzo (m)	carne (f) de vaca	['karni de 'vaka]
coniglio (m)	carne (f) de coelho	['karni de ko'eʎu]
salame (m)	linguiça (f), salsichão (m)	[lĩ'gwisa], [sawsi'ʃãw]
w?rstel (m)	salsicha (f)	[saw'siʃa]
pancetta (f)	bacon (m)	['bejkõ]
prosciutto (m)	presunto (m)	[pre'zũtu]
prosciutto (m) affumicato	pernil (m) de porco	[per'niw de 'porku]
pâté (m)	patê (m)	[pa'te]
fegato (m)	fígado (m)	['figadu]
carne (f) trita	guisado (m)	[gi'zadu]
lingua (f)	língua (f)	['lĩgwa]
uovo (m)	ovo (m)	['ovu]
uova (f pl)	ovos (m pl)	['ɔvus]
albume (m)	clara (f) de ovo	['klara de 'ovu]
tuorlo (m)	gema (f) de ovo	['ʒɛma de 'ovu]
pesce (m)	peixe (m)	['pejʃi]
frutti (m pl) di mare	mariscos (m pl)	[ma'riskus]
crostacei (m pl)	crustáceos (m pl)	[krus'tasjus]
caviale (m)	caviar (m)	[ka'vjar]
granchio (m)	caranguejo (m)	[karã'geʒu]
gamberetto (m)	camarão (m)	[kama'rãw]
ostrica (f)	ostra (f)	['ostra]
aragosta (f)	lagosta (f)	[la'gosta]
polpo (m)	polvo (m)	['powvu]
calamaro (m)	lula (f)	['lula]
storione (m)	esturjão (m)	[istur'ʒãw]
salmone (m)	salmão (m)	[saw'mãw]
ippoglosso (m)	halibute (m)	[ali'butʃi]
merluzzo (m)	bacalhau (m)	[baka'ʎaw]

scombro (m)	cavala, sarda (f)	[ka'vala], ['sarda]
tonno (m)	atum (m)	[a'tũ]
anguilla (f)	enguia (f)	[ẽ'gia]

trota (f)	truta (f)	['truta]
sardina (f)	sardinha (f)	[sar'dʒiɲa]
luccio (m)	lúcio (m)	['lusju]
aringa (f)	arenque (m)	[a'rẽki]

pane (m)	pão (m)	[pãw]
formaggio (m)	queijo (m)	['kejʒu]
zucchero (m)	açúcar (m)	[a'sukar]
sale (m)	sal (m)	[saw]

riso (m)	arroz (m)	[a'hoz]
pasta (f)	massas (f pl)	['masas]
tagliatelle (f pl)	talharim, miojo (m)	[taʎa'rĩ], [mi'oʒu]

burro (m)	manteiga (f)	[mã'tejga]
olio (m) vegetale	óleo (m) vegetal	['ɔlju veʒe'taw]
olio (m) di girasole	óleo (m) de girassol	['ɔlju de ʒira'sɔw]
margarina (f)	margarina (f)	[marga'rina]

| olive (f pl) | azeitonas (f pl) | [azej'tɔnas] |
| olio (m) d'oliva | azeite (m) | [a'zejtʃi] |

latte (m)	leite (m)	['lejtʃi]
latte (m) condensato	leite (m) condensado	['lejtʃi kõdẽ'sadu]
yogurt (m)	iogurte (m)	[jo'gurtʃi]
panna (f) acida	creme azedo (m)	['krɛmi a'zedu]
panna (f)	creme (m) de leite	['krɛmi de 'lejtʃi]

| maionese (m) | maionese (f) | [majo'nɛzi] |
| crema (f) | creme (m) | ['krɛmi] |

cereali (m pl)	grãos (m pl) de cereais	['grãws de se'rjajs]
farina (f)	farinha (f)	[fa'riɲa]
cibi (m pl) in scatola	enlatados (m pl)	[ẽla'tadus]

fiocchi (m pl) di mais	flocos (m pl) de milho	['flɔkus de 'miʎu]
miele (m)	mel (m)	[mɛw]
marmellata (f)	geleia (m)	[ʒe'lɛja]
gomma (f) da masticare	chiclete (m)	[ʃi'klɛtʃi]

36. Bevande

acqua (f)	água (f)	['agwa]
acqua (f) potabile	água (f) potável	['agwa pu'tavɛw]
acqua (f) minerale	água (f) mineral	['agwa mine'raw]

liscia (non gassata)	sem gás	[sẽ gajs]
gassata (agg)	gaseificada	[gazejfi'kadu]
frizzante (agg)	com gás	[kõ gajs]
ghiaccio (m)	gelo (m)	['ʒelu]

con ghiaccio	com gelo	[kõ 'ʒelu]
analcolico (agg)	não alcoólico	[nãw aw'kɔliku]
bevanda (f) analcolica	refrigerante (m)	[hefriʒe'rãtʃi]
bibita (f)	refresco (m)	[he'fresku]
limonata (f)	limonada (f)	[limo'nada]

bevande (f pl) alcoliche	bebidas (f pl) alcoólicas	[be'bidas aw'kɔlikas]
vino (m)	vinho (m)	['viɲu]
vino (m) bianco	vinho (m) branco	['viɲu 'brãku]
vino (m) rosso	vinho (m) tinto	['viɲu 'tʃĩtu]

liquore (m)	licor (m)	[li'kor]
champagne (m)	champanhe (m)	[ʃã'paɲi]
vermouth (m)	vermute (m)	[ver'mutʃi]

whisky	uísque (m)	['wiski]
vodka (f)	vodca (f)	['vɔdʒka]
gin (m)	gim (m)	[ʒĩ]
cognac (m)	conhaque (m)	[ko'ɲaki]
rum (m)	rum (m)	[hũ]

caffè (m)	café (m)	[ka'fɛ]
caffè (m) nero	café (m) preto	[ka'fɛ 'pretu]
caffè latte (m)	café (m) com leite	[ka'fɛ kõ 'lejtʃi]
cappuccino (m)	cappuccino (m)	[kapu'tʃinu]
caffè (m) solubile	café (m) solúvel	[ka'fɛ so'luvew]

latte (m)	leite (m)	['lejtʃi]
cocktail (m)	coquetel (m)	[koke'tɛw]
frullato (m)	batida (f), milkshake (m)	[ba'tʃida], ['milkʃejk]

succo (m)	suco (m)	['suku]
succo (m) di pomodoro	suco (m) de tomate	['suku de to'matʃi]
succo (m) d'arancia	suco (m) de laranja	['suku de la'rãʒa]
spremuta (f)	suco (m) fresco	['suku 'fresku]

birra (f)	cerveja (f)	[ser'veʒa]
birra (f) chiara	cerveja (f) clara	[ser'veʒa 'klara]
birra (f) scura	cerveja (f) preta	[ser'veʒa 'preta]

tè (m)	chá (m)	[ʃa]
tè (m) nero	chá (m) preto	[ʃa 'pretu]
tè (m) verde	chá (m) verde	[ʃa 'verdʒi]

37. Verdure

| ortaggi (m pl) | vegetais (m pl) | [veʒe'tajs] |
| verdura (f) | verdura (f) | [ver'dura] |

pomodoro (m)	tomate (m)	[to'matʃi]
cetriolo (m)	pepino (m)	[pe'pinu]
carota (f)	cenoura (f)	[se'nora]
patata (f)	batata (f)	[ba'tata]
cipolla (f)	cebola (f)	[se'bola]

aglio (m)	alho (m)	['aʎu]
cavolo (m)	couve (f)	['kovi]
cavolfiore (m)	couve-flor (f)	['kovi 'flɔr]
cavoletti (m pl) di Bruxelles	couve-de-bruxelas (f)	['kovi de bru'ʃelas]
broccolo (m)	brócolis (m pl)	['brɔkolis]
barbabietola (f)	beterraba (f)	[bete'haba]
melanzana (f)	berinjela (f)	[berĩ'ʒɛla]
zucchina (f)	abobrinha (f)	[abo'briɲa]
zucca (f)	abóbora (f)	[a'bɔbora]
rapa (f)	nabo (m)	['nabu]
prezzemolo (m)	salsa (f)	['sawsa]
aneto (m)	endro, aneto (m)	['ẽdru], [a'netu]
lattuga (f)	alface (f)	[aw'fasi]
sedano (m)	aipo (m)	['ajpu]
asparago (m)	aspargo (m)	[as'pargu]
spinaci (m pl)	espinafre (m)	[ispi'nafri]
pisello (m)	ervilha (f)	[er'viʎa]
fave (f pl)	feijão (m)	[fej'ʒãw]
mais (m)	milho (m)	['miʎu]
fagiolo (m)	feijão (m) roxo	[fej'ʒãw 'hoʃu]
peperone (m)	pimentão (m)	[pimẽ'tãw]
ravanello (m)	rabanete (m)	[haba'netʃi]
carciofo (m)	alcachofra (f)	[awka'ʃofra]

38. Frutta. Noci

frutto (m)	fruta (f)	['fruta]
mela (f)	maçã (f)	[ma'sã]
pera (f)	pera (f)	['pera]
limone (m)	limão (m)	[li'mãw]
arancia (f)	laranja (f)	[la'rãʒa]
fragola (f)	morango (m)	[mo'rãgu]
mandarino (m)	tangerina (f)	[tãʒe'rina]
prugna (f)	ameixa (f)	[a'mejʃa]
pesca (f)	pêssego (m)	['pesegu]
albicocca (f)	damasco (m)	[da'masku]
lampone (m)	framboesa (f)	[frãbo'eza]
ananas (m)	abacaxi (m)	[abaka'ʃi]
banana (f)	banana (f)	[ba'nana]
anguria (f)	melancia (f)	[melã'sia]
uva (f)	uva (f)	['uva]
amarena (f)	ginja (f)	['ʒĩʒa]
ciliegia (f)	cereja (f)	[se'reʒa]
melone (m)	melão (m)	[me'lãw]
pompelmo (m)	toranja (f)	[to'rãʒa]
avocado (m)	abacate (m)	[aba'katʃi]
papaia (f)	mamão (m)	[ma'mãw]

mango (m)	manga (f)	['mãga]
melagrana (f)	romã (f)	['homa]

ribes (m) rosso	groselha (f) vermelha	[[gro'zɛʎa ver'meʎa]
ribes (m) nero	groselha (f) negra	[gro'zɛʎa 'negra]
uva (f) spina	groselha (f) espinhosa	[gro'zɛʎa ispi'ɲoza]
mirtillo (m)	mirtilo (m)	[mih'tʃilu]
mora (f)	amora (f) silvestre	[a'mɔra siw'vɛstri]

uvetta (f)	passa (f)	['pasa]
fico (m)	figo (m)	['figu]
dattero (m)	tâmara (f)	['tamara]

arachide (f)	amendoim (m)	[amẽdo'ĩ]
mandorla (f)	amêndoa (f)	[a'mẽdwa]
noce (f)	noz (f)	[nɔz]
nocciola (f)	avelã (f)	[ave'lã]
noce (f) di cocco	coco (m)	['koku]
pistacchi (m pl)	pistaches (m pl)	[pis'taʃis]

39. Pane. Dolci

pasticceria (f)	pastelaria (f)	[pastela'ria]
pane (m)	pão (m)	[pãw]
biscotti (m pl)	biscoito (m), bolacha (f)	[bis'kojtu], [bo'laʃa]

cioccolato (m)	chocolate (m)	[ʃoko'latʃi]
al cioccolato (agg)	de chocolate	[de ʃoko'latʃi]
caramella (f)	bala (f)	['bala]
tortina (f)	doce (m), bolo (m) pequeno	['dosi], ['bolu pe'kenu]
torta (f)	bolo (m) de aniversário	['bolu de aniver'sarju]

crostata (f)	torta (f)	['tɔrta]
ripieno (m)	recheio (m)	[he'ʃeju]

marmellata (f)	geleia (m)	[ʒe'lɛja]
marmellata (f) di agrumi	marmelada (f)	[marme'lada]
wafer (m)	wafers (m pl)	['wafers]
gelato (m)	sorvete (m)	[sor'vetʃi]
budino (m)	pudim (m)	[pu'dʒĩ]

40. Pietanze cucinate

piatto (m) (~ principale)	prato (m)	['pratu]
cucina (f)	cozinha (f)	[ko'ziɲa]
ricetta (f)	receita (f)	[he'sejta]
porzione (f)	porção (f)	[por'sãw]

insalata (f)	salada (f)	[sa'lada]
minestra (f)	sopa (f)	['sopa]
brodo (m)	caldo (m)	['kawdu]
panino (m)	sanduíche (m)	[sand'wiʃi]

uova (f pl) al tegamino	ovos (m pl) fritos	['ɔvus 'fritus]
hamburger (m)	hambúrguer (m)	[ã'burger]
bistecca (f)	bife (m)	['bifi]

contorno (m)	acompanhamento (m)	[akõpaɲa'mẽtu]
spaghetti (m pl)	espaguete (m)	[ispa'geti]
purè (m) di patate	purê (m) de batata	[pu're de ba'tata]
pizza (f)	pizza (f)	['pitsa]
porridge (m)	mingau (m)	[mĩ'gaw]
frittata (f)	omelete (f)	[ome'letʃi]

bollito (agg)	fervido	[fer'vidu]
affumicato (agg)	defumado	[defu'madu]
fritto (agg)	frito	['fritu]
secco (agg)	seco	['seku]
congelato (agg)	congelado	[kõʒe'ladu]
sottoaceto (agg)	em conserva	[ẽ kõ'serva]

dolce (gusto)	doce	['dosi]
salato (agg)	salgado	[saw'gadu]
freddo (agg)	frio	['friu]
caldo (agg)	quente	['kẽtʃi]
amaro (agg)	amargo	[a'margu]
buono, gustoso (agg)	gostoso	[gos'tozu]

cuocere, preparare (vt)	cozinhar em água fervente	[kozi'ɲar ẽ 'agwa fer'vẽtʃi]
cucinare (vi)	preparar (vt)	[prepa'rar]
friggere (vt)	fritar (vt)	[fri'tar]
riscaldare (vt)	aquecer (vt)	[ake'ser]

salare (vt)	salgar (vt)	[saw'gar]
pepare (vt)	apimentar (vt)	[apimẽ'tar]
grattugiare (vt)	ralar (vt)	[ha'lar]
buccia (f)	casca (f)	['kaska]
sbucciare (vt)	descascar (vt)	[dʒiskas'kar]

41. Spezie

sale (m)	sal (m)	[saw]
salato (agg)	salgado	[saw'gadu]
salare (vt)	salgar (vt)	[saw'gar]

pepe (m) nero	pimenta-do-reino (f)	[pi'mẽta-du-hejnu]
peperoncino (m)	pimenta (f) vermelha	[pi'mẽta ver'meʎa]
senape (f)	mostarda (f)	[mos'tarda]
cren (m)	raiz-forte (f)	[ha'iz fɔrtʃi]

condimento (m)	condimento (m)	[kõdʒi'mẽtu]
spezie (f pl)	especiaria (f)	[ispesja'ria]
salsa (f)	molho (m)	['moʎu]
aceto (m)	vinagre (m)	[vi'nagri]

anice (m)	anis (m)	[a'nis]
basilico (m)	manjericão (m)	[mãʒeri'kãw]

chiodi (m pl) di garofano	cravo (m)	['kravu]
zenzero (m)	gengibre (m)	[ʒẽ'ʒibri]
coriandolo (m)	coentro (m)	[ko'ẽtru]
cannella (f)	canela (f)	[ka'nɛla]

sesamo (m)	gergelim (m)	[ʒerʒe'lĩ]
alloro (m)	folha (f) de louro	['foʎaʃ de 'loru]
paprica (f)	páprica (f)	['paprika]
cumino (m)	cominho (m)	[ko'miɲu]
zafferano (m)	açafrão (m)	[asa'frãw]

42. Pasti

cibo (m)	comida (f)	[ko'mida]
mangiare (vi, vt)	comer (vt)	[ko'mer]

colazione (f)	café (m) da manhã	[ka'fɛ da ma'ɲã]
fare colazione	tomar café da manhã	[to'mar ka'fɛ da ma'ɲã]
pranzo (m)	almoço (m)	[aw'mosu]
pranzare (vi)	almoçar (vi)	[awmo'sar]
cena (f)	jantar (m)	[ʒã'tar]
cenare (vi)	jantar (vi)	[ʒã'tar]

appetito (m)	apetite (m)	[ape'tʃitʃi]
Buon appetito!	Bom apetite!	[bõ ape'tʃitʃi]

aprire (vt)	abrir (vt)	[a'brir]
rovesciare (~ il vino, ecc.)	derramar (vt)	[deha'mar]
rovesciarsi (vr)	derramar-se (vr)	[deha'marsi]

bollire (vi)	ferver (vi)	[fer'ver]
far bollire	ferver (vt)	[fer'ver]
bollito (agg)	fervido	[fer'vidu]

raffreddare (vt)	esfriar (vt)	[is'frjar]
raffreddarsi (vr)	esfriar-se (vr)	[is'frjarse]

gusto (m)	sabor, gosto (m)	[sa'bor], ['gostu]
retrogusto (m)	fim (m) de boca	[fĩ de 'boka]

essere a dieta	emagrecer (vi)	[imagre'ser]
dieta (f)	dieta (f)	['dʒjɛta]
vitamina (f)	vitamina (f)	[vita'mina]
caloria (f)	caloria (f)	[kalo'ria]

vegetariano (m)	vegetariano (m)	[veʒeta'rjanu]
vegetariano (agg)	vegetariano	[veʒeta'rjanu]

grassi (m pl)	gorduras (f pl)	[gor'duras]
proteine (f pl)	proteínas (f pl)	[prote'inas]
carboidrati (m pl)	carboidratos (m pl)	[karboi'dratus]
fetta (f), fettina (f)	fatia (f)	[fa'tʃia]
pezzo (m) (~ di torta)	pedaço (m)	[pe'dasu]
briciola (f) (~ di pane)	migalha (f), farelo (m)	[mi'gaʎa], [fa'rɛlu]

43. Preparazione della tavola

cucchiaio (m)	**colher** (f)	[ko'ʎer]
coltello (m)	**faca** (f)	['faka]
forchetta (f)	**garfo** (m)	['garfu]
tazza (f)	**xícara** (f)	['ʃikara]
piatto (m)	**prato** (m)	['pratu]
piattino (m)	**pires** (m)	['piris]
tovagliolo (m)	**guardanapo** (m)	[gwarda'napu]
stuzzicadenti (m)	**palito** (m)	[pa'litu]

44. Ristorante

ristorante (m)	**restaurante** (m)	[hestaw'rãtʃi]
caffè (m)	**cafeteria** (f)	[kafete'ria]
pub (m), bar (m)	**bar** (m), **cervejaria** (f)	[bar], [serveʒa'ria]
sala (f) da tè	**salão** (m) **de chá**	[sa'lãw de ʃa]
cameriere (m)	**garçom** (m)	[gar'sõ]
cameriera (f)	**garçonete** (f)	[garso'netʃi]
barista (m)	**barman** (m)	[bar'mã]
menù (m)	**cardápio** (m)	[kar'dapju]
lista (f) dei vini	**lista** (f) **de vinhos**	['lista de 'viɲus]
prenotare un tavolo	**reservar uma mesa**	[hezer'var 'uma 'meza]
piatto (m)	**prato** (m)	['pratu]
ordinare (~ il pranzo)	**pedir** (vt)	[pe'dʒir]
fare un'ordinazione	**fazer o pedido**	[fa'zer u pe'dʒidu]
aperitivo (m)	**aperitivo** (m)	[aperi'tʃivu]
antipasto (m)	**entrada** (f)	[ẽ'trada]
dolce (m)	**sobremesa** (f)	[sobri'meza]
conto (m)	**conta** (f)	['kõta]
pagare il conto	**pagar a conta**	[pa'gar a 'kõta]
dare il resto	**dar o troco**	[dar u 'troku]
mancia (f)	**gorjeta** (f)	[gor'ʒeta]

Famiglia, parenti e amici

45. Informazioni personali. Moduli

nome (m)	nome (m)	['nɔmi]
cognome (m)	sobrenome (m)	[sobri'nɔmi]
data (f) di nascita	data (f) de nascimento	['data de nasi'mẽtu]
luogo (m) di nascita	local (m) de nascimento	[lo'kaw de nasi'mẽtu]
nazionalità (f)	nacionalidade (f)	[nasjonali'dadʒi]
domicilio (m)	lugar (m) de residência	[lu'gar de hezi'dẽsja]
paese (m)	país (m)	[pa'jis]
professione (f)	profissão (f)	[profi'sãw]
sesso (m)	sexo (m)	['sɛksu]
statura (f)	estatura (f)	[ista'tura]
peso (m)	peso (m)	['pezu]

46. Membri della famiglia. Parenti

madre (f)	mãe (f)	[mãj]
padre (m)	pai (m)	[paj]
figlio (m)	filho (m)	['fiʎu]
figlia (f)	filha (f)	['fiʎa]
figlia (f) minore	caçula (f)	[ka'sula]
figlio (m) minore	caçula (m)	[ka'sula]
figlia (f) maggiore	filha (f) mais velha	['fiʎa majs 'vɛʎa]
figlio (m) maggiore	filho (m) mais velho	['fiʎu majs 'vɛʎu]
fratello (m)	irmão (m)	[ir'mãw]
fratello (m) maggiore	irmão (m) mais velho	[ir'mãw majs 'vɛʎu]
fratello (m) minore	irmão (m) mais novo	[ir'mãw majs 'novu]
sorella (f)	irmã (f)	[ir'mã]
sorella (f) maggiore	irmã (f) mais velha	[ir'mã majs 'vɛʎa]
sorella (f) minore	irmã (f) mais nova	[ir'mã majs 'nɔva]
cugino (m)	primo (m)	['primu]
cugina (f)	prima (f)	['prima]
mamma (f)	mamãe (f)	[ma'mãj]
papà (m)	papai (m)	[pa'paj]
genitori (m pl)	pais (pl)	['pajs]
bambino (m)	criança (f)	['krjãsa]
bambini (m pl)	crianças (f pl)	['krjãsas]
nonna (f)	avó (f)	[a'vo]
nonno (m)	avô (m)	[a'vɔ]
nipote (m) (figlio di un figlio)	neto (m)	['nɛtu]

nipote (f)	neta (f)	['nɛta]
nipoti (pl)	netos (pl)	['nɛtus]
zio (m)	tio (m)	['tʃiu]
zia (f)	tia (f)	['tʃia]
nipote (m) (figlio di un fratello)	sobrinho (m)	[so'briɲu]
nipote (f)	sobrinha (f)	[so'briɲa]
suocera (f)	sogra (f)	['sɔgra]
suocero (m)	sogro (m)	['sogru]
genero (m)	genro (m)	['ʒẽhu]
matrigna (f)	madrasta (f)	[ma'drasta]
patrigno (m)	padrasto (m)	[pa'drastu]
neonato (m)	criança (f) de colo	['krjãsa de 'kɔlu]
infante (m)	bebê (m)	[be'be]
bimbo (m), ragazzino (m)	menino (m)	[me'ninu]
moglie (f)	mulher (f)	[mu'ʎer]
marito (m)	marido (m)	[ma'ridu]
coniuge (m)	esposo (m)	[is'pozu]
coniuge (f)	esposa (f)	[is'poza]
sposato (agg)	casado	[ka'zadu]
sposata (agg)	casada	[ka'zada]
celibe (agg)	solteiro	[sow'tejru]
scapolo (m)	solteirão (m)	[sowtej'rãw]
divorziato (agg)	divorciado	[dʒivor'sjadu]
vedova (f)	viúva (f)	['vjuva]
vedovo (m)	viúvo (m)	['vjuvu]
parente (m)	parente (m)	[pa'rẽtʃi]
parente (m) stretto	parente (m) próximo	[pa'rẽtʃi 'prɔsimu]
parente (m) lontano	parente (m) distante	[pa'rẽtʃi dʒis'tãtʃi]
parenti (m pl)	parentes (m pl)	[pa'rẽtʃis]
orfano (m)	órfão (m)	['ɔrfãw]
orfana (f)	órfã (f)	['ɔrfã]
tutore (m)	tutor (m)	[tu'tor]
adottare (~ un bambino)	adotar (vt)	[ado'tar]
adottare (~ una bambina)	adotar (vt)	[ado'tar]

Medicinali

47. Malattie

malattia (f)	doença (f)	[do'ẽsa]
essere malato	estar doente	[is'tar do'ẽtʃi]
salute (f)	saúde (f)	[sa'udʒi]
raffreddore (m)	nariz (m) escorrendo	[na'riz isko'hẽdu]
tonsillite (f)	amigdalite (f)	[amigda'litʃi]
raffreddore (m)	resfriado (m)	[hes'frjadu]
raffreddarsi (vr)	ficar resfriado	[fi'kar hes'frjadu]
bronchite (f)	bronquite (f)	[brõ'kitʃi]
polmonite (f)	pneumonia (f)	[pnewmo'nia]
influenza (f)	gripe (f)	['gripi]
miope (agg)	míope	['miopi]
presbite (agg)	presbita	[pres'bita]
strabismo (m)	estrabismo (m)	[istra'bizmu]
strabico (agg)	estrábico, vesgo	[is'trabiku], ['vezgu]
cateratta (f)	catarata (f)	[kata'rata]
glaucoma (m)	glaucoma (m)	[glaw'koma]
ictus (m) cerebrale	AVC (m), apoplexia (f)	[ave'se], [apople'ksia]
attacco (m) di cuore	ataque (m) cardíaco	[a'taki kar'dʒiaku]
infarto (m) miocardico	enfarte (m) do miocárdio	[ẽ'fartʃi du mjo'kardʒiu]
paralisi (f)	paralisia (f)	[parali'zia]
paralizzare (vt)	paralisar (vt)	[parali'zar]
allergia (f)	alergia (f)	[aler'ʒia]
asma (f)	asma (f)	['azma]
diabete (m)	diabetes (f)	[dʒja'bɛtʃis]
mal (m) di denti	dor (f) de dente	[dor de 'dẽtʃi]
carie (f)	cárie (f)	['kari]
diarrea (f)	diarreia (f)	[dʒja'hɛja]
stitichezza (f)	prisão (f) de ventre	[pri'zãw de 'vẽtri]
disturbo (m) gastrico	desarranjo (m) intestinal	[dʒiza'hãʒu ĩtestʃi'naw]
intossicazione (f) alimentare	intoxicação (f) alimentar	[ĩtoksika'sãw alimẽ'tar]
intossicarsi (vr)	intoxicar-se	[ĩtoksi'karsi]
artrite (f)	artrite (f)	[ar'tritʃi]
rachitide (f)	raquitismo (m)	[haki'tʃizmu]
reumatismo (m)	reumatismo (m)	[hewma'tʃizmu]
aterosclerosi (f)	arteriosclerose (f)	[arterjoskle'rɔzi]
gastrite (f)	gastrite (f)	[gas'tritʃi]
appendicite (f)	apendicite (f)	[apẽdʒi'sitʃi]

colecistite (f)	colecistite (f)	[kulesi'stʃitʃi]
ulcera (f)	úlcera (f)	['uwsera]

morbillo (m)	sarampo (m)	[sa'rãpu]
rosolia (f)	rubéola (f)	[hu'bɛola]
itterizia (f)	icterícia (f)	[ikte'risja]
epatite (f)	hepatite (f)	[epa'tʃitʃi]

schizofrenia (f)	esquizofrenia (f)	[iskizofre'nia]
rabbia (f)	raiva (f)	['hajva]
nevrosi (f)	neurose (f)	[new'rɔzi]
commozione (f) cerebrale	contusão (f) cerebral	[kõtu'zãw sere'braw]

cancro (m)	câncer (m)	['kãser]
sclerosi (f)	esclerose (f)	[iskle'rozi]
sclerosi (f) multipla	esclerose (f) múltipla	[iskle'rozi 'muwtʃipla]

alcolismo (m)	alcoolismo (m)	[awko'lizmu]
alcolizzato (m)	alcoólico (m)	[aw'kɔliku]
sifilide (f)	sífilis (f)	['sifilis]
AIDS (m)	AIDS (f)	['ajdʒs]

tumore (m)	tumor (m)	[tu'mor]
maligno (agg)	maligno	[ma'lignu]
benigno (agg)	benigno	[be'nignu]

febbre (f)	febre (f)	['fɛbri]
malaria (f)	malária (f)	[ma'larja]
cancrena (f)	gangrena (f)	[gã'grena]
mal (m) di mare	enjoo (m)	[ẽ'ʒou]
epilessia (f)	epilepsia (f)	[epile'psia]

epidemia (f)	epidemia (f)	[epide'mia]
tifo (m)	tifo (m)	['tʃifu]
tubercolosi (f)	tuberculose (f)	[tuberku'lɔzi]
colera (m)	cólera (f)	['kɔlera]
peste (f)	peste (f) bubônica	['pɛstʃi bu'bonika]

48. Sintomi. Cure. Parte 1

sintomo (m)	sintoma (m)	[sĩ'tɔma]
temperatura (f)	temperatura (f)	[tẽpera'tura]
febbre (f) alta	febre (f)	['fɛbri]
polso (m)	pulso (m)	['puwsu]

capogiro (m)	vertigem (f)	[ver'tʃiʒẽ]
caldo (agg)	quente	['kẽtʃi]
brivido (m)	calafrio (m)	[kala'friu]
pallido (un viso ~)	pálido	['palidu]

tosse (f)	tosse (f)	['tɔsi]
tossire (vi)	tossir (vi)	[to'sir]
starnutire (vi)	espirrar (vi)	[ispi'har]
svenimento (m)	desmaio (m)	[dʒiz'maju]

svenire (vi)	desmaiar (vi)	[dʒizma'jar]
livido (m)	mancha (f) preta	['mãʃa 'preta]
bernoccolo (m)	galo (m)	['galu]
farsi un livido	machucar-se (vr)	[maʃu'karsi]
contusione (f)	contusão (f)	[kõtu'zãw]
farsi male	machucar-se (vr)	[maʃu'karsi]

zoppicare (vi)	mancar (vi)	[mã'kar]
slogatura (f)	deslocamento (f)	[dʒizloka'mẽtu]
slogarsi (vr)	deslocar (vt)	[dʒizlo'kar]
frattura (f)	fratura (f)	[fra'tura]
fratturarsi (vr)	fraturar (vt)	[fratu'rar]

taglio (m)	corte (m)	['kortʃi]
tagliarsi (vr)	cortar-se (vr)	[kor'tarsi]
emorragia (f)	hemorragia (f)	[emoha'ʒia]

| scottatura (f) | queimadura (f) | [kejma'dura] |
| scottarsi (vr) | queimar-se (vr) | [kej'marsi] |

pungere (vt)	picar (vt)	[pi'kar]
pungersi (vr)	picar-se (vr)	[pi'karsi]
ferire (vt)	lesionar (vt)	[lezjo'nar]
ferita (f)	lesão (m)	[le'zãw]
lesione (f)	ferida (f), ferimento (m)	[fe'rida], [feri'mẽtu]
trauma (m)	trauma (m)	['trawma]

delirare (vi)	delirar (vi)	[deli'rar]
tartagliare (vi)	gaguejar (vi)	[gage'ʒar]
colpo (m) di sole	insolação (f)	[insola'sãw]

49. Sintomi. Cure. Parte 2

| dolore (m), male (m) | dor (f) | [dor] |
| scheggia (f) | farpa (f) | ['farpa] |

sudore (m)	suor (m)	[swɔr]
sudare (vi)	suar (vi)	[swar]
vomito (m)	vômito (m)	['vomitu]
convulsioni (f pl)	convulsões (f pl)	[kõvuw'sõjs]

incinta (agg)	grávida	['gravida]
nascere (vi)	nascer (vi)	[na'ser]
parto (m)	parto (m)	['partu]
essere in travaglio di parto	dar à luz	[dar a luz]
aborto (m)	aborto (m)	[a'bortu]

respirazione (f)	respiração (f)	[hespira'sãw]
inspirazione (f)	inspiração (f)	[ĩspira'sãw]
espirazione (f)	expiração (f)	[ispira'sãw]
espirare (vi)	expirar (vi)	[ispi'rar]
inspirare (vi)	inspirar (vi)	[ĩspi'rar]
invalido (m)	inválido (m)	[ĩ'validu]
storpio (m)	aleijado (m)	[alej'ʒadu]

49

drogato (m)	drogado (m)	[dro'gadu]
sordo (agg)	surdo	['surdu]
muto (agg)	mudo	['mudu]
sordomuto (agg)	surdo-mudo	['surdu-'mudu]

matto (agg)	louco, insano	['loku], [ĩ'sanu]
matto (m)	louco (m)	['loku]
matta (f)	louca (f)	['loka]
impazzire (vi)	ficar louco	[fi'kar 'loku]

gene (m)	gene (m)	['ʒɛni]
immunità (f)	imunidade (f)	[imuni'dadʒi]
ereditario (agg)	hereditário	[eredʒi'tarju]
innato (agg)	congênito	[kõ'ʒenitu]

virus (m)	vírus (m)	['virus]
microbo (m)	micróbio (m)	[mi'krɔbju]
batterio (m)	bactéria (f)	[bak'tɛrja]
infezione (f)	infecção (f)	[ĩfek'sãw]

50. Sintomi. Cure. Parte 3

| ospedale (m) | hospital (m) | [ospi'taw] |
| paziente (m) | paciente (m) | [pa'sjẽtʃi] |

diagnosi (f)	diagnóstico (m)	[dʒjag'nɔstʃiku]
cura (f)	cura (f)	['kura]
trattamento (m)	tratamento (m) médico	[trata'mẽtu 'mɛdʒiku]
curarsi (vr)	curar-se (vr)	[ku'rarsi]
curare (vt)	tratar (vt)	[tra'tar]
accudire (un malato)	cuidar (vt)	[kwi'dar]
assistenza (f)	cuidado (m)	[kwi'dadu]

operazione (f)	operação (f)	[opera'sãw]
bendare (vt)	enfaixar (vt)	[ẽfaj'ʃar]
fasciatura (f)	enfaixamento (m)	[bã'daʒãj]

vaccinazione (f)	vacinação (f)	[vasina'sãw]
vaccinare (vt)	vacinar (vt)	[vasi'nar]
iniezione (f)	injeção (f)	[inʒe'sãw]
fare una puntura	dar uma injeção	[dar 'uma inʒe'sãw]

attacco (m) (~ epilettico)	ataque (m)	[a'taki]
amputazione (f)	amputação (f)	[ãputa'sãw]
amputare (vt)	amputar (vt)	[ãpu'tar]
coma (m)	coma (f)	['kɔma]
essere in coma	estar em coma	[is'tar ẽ 'kɔma]
rianimazione (f)	reanimação (f)	[hianima'sãw]

guarire (vi)	recuperar-se (vr)	[hekupe'rarsi]
stato (f) (del paziente)	estado (m)	[i'stadu]
conoscenza (f)	consciência (f)	[kõ'sjẽsja]
memoria (f)	memória (f)	[me'mɔrja]
estrarre (~ un dente)	tirar (vt)	[tʃi'rar]

otturazione (f)	obturação (f)	[obitura'sãw]
otturare (vt)	obturar (vt)	[obitu'rar]

ipnosi (f)	hipnose (f)	[ip'nɔzi]
ipnotizzare (vt)	hipnotizar (vt)	[ipnotʃi'zar]

51. Medici

medico (m)	médico (m)	['mɛdʒiku]
infermiera (f)	enfermeira (f)	[ẽfer'mejra]
medico (m) personale	médico (m) pessoal	['mɛdʒiku pe'swaw]

dentista (m)	dentista (m)	[dẽ'tʃista]
oculista (m)	oculista (m)	[oku'lista]
internista (m)	terapeuta (m)	[tera'pewta]
chirurgo (m)	cirurgião (m)	[sirur'ʒjãw]

psichiatra (m)	psiquiatra (m)	[psi'kjatra]
pediatra (m)	pediatra (m)	[pe'dʒjatra]
psicologo (m)	psicólogo (m)	[psi'kɔlogu]
ginecologo (m)	ginecologista (m)	[ʒinekolo'ʒista]
cardiologo (m)	cardiologista (m)	[kardʒjolo'ʒista]

52. Medicinali. Farmaci. Accessori

medicina (f)	medicamento (m)	[medʒika'mẽtu]
rimedio (m)	remédio (m)	[he'mɛdʒju]
prescrivere (vt)	receitar (vt)	[hesej'tar]
prescrizione (f)	receita (f)	[he'sejta]

compressa (f)	comprimido (m)	[kõpri'midu]
unguento (m)	unguento (m)	[ũ'gwẽtu]
fiala (f)	ampola (f)	[ã'pɔla]
pozione (f)	solução, preparado (m)	[solu'sãw], [prepa'radu]
sciroppo (m)	xarope (m)	[ʃa'rɔpi]
pillola (f)	cápsula (f)	['kapsula]
polverina (f)	pó (m)	[pɔ]

benda (f)	atadura (f)	[ata'dura]
ovatta (f)	algodão (m)	[awgo'dãw]
iodio (m)	iodo (m)	['jodu]

cerotto (m)	curativo (m) adesivo	[kura'tivu ade'zivu]
contagocce (m)	conta-gotas (m)	['kõta 'gotas]
termometro (m)	termômetro (m)	[ter'mometru]
siringa (f)	seringa (f)	[se'rĩga]

sedia (f) a rotelle	cadeira (f) de rodas	[ka'dejra de 'hɔdas]
stampelle (f pl)	muletas (f pl)	[mu'letas]

analgesico (m)	analgésico (m)	[anaw'ʒɛziku]
lassativo (m)	laxante (m)	[la'ʃãtʃi]

alcol (m)	**álcool** (m)	['awkɔw]
erba (f) officinale	**ervas** (f pl) **medicinais**	['ɛrvas meʤisi'najs]
d'erbe (infuso ~)	**de ervas**	[de 'ɛrvas]

HABITAT UMANO

Città

53. Città. Vita di città

città (f)	cidade (f)	[si'daʤi]
capitale (f)	capital (f)	[kapi'taw]
villaggio (m)	aldeia (f)	[aw'deja]
mappa (f) della città	mapa (m) da cidade	['mapa da si'daʤi]
centro (m) della città	centro (m) da cidade	['sẽtru da si'daʤi]
sobborgo (m)	subúrbio (m)	[su'burbju]
suburbano (agg)	suburbano	[subur'banu]
periferia (f)	periferia (f)	[perife'ria]
dintorni (m pl)	arredores (m pl)	[ahe'dɔris]
isolato (m)	quarteirão (m)	[kwartej'rãw]
quartiere residenziale	quarteirão (m) residencial	[kwartej'rãw hezidẽ'sjaw]
traffico (m)	tráfego (m)	['trafegu]
semaforo (m)	semáforo (m)	[se'maforu]
trasporti (m pl) urbani	transporte (m) público	[trãs'portʃi 'publiku]
incrocio (m)	cruzamento (m)	[kruza'mẽtu]
passaggio (m) pedonale	faixa (f)	['fajʃa]
sottopassaggio (m)	túnel (m)	['tunew]
attraversare (vt)	cruzar, atravessar (vt)	[kru'zar], [atrave'sar]
pedone (m)	pedestre (m)	[pe'dɛstri]
marciapiede (m)	calçada (f)	[kaw'sada]
ponte (m)	ponte (f)	['põtʃi]
banchina (f)	margem (f) do rio	['marʒẽ du 'hiu]
fontana (f)	fonte (f)	['fõtʃi]
vialetto (m)	alameda (f)	[ala'meda]
parco (m)	parque (m)	['parki]
boulevard (m)	bulevar (m)	[bule'var]
piazza (f)	praça (f)	['prasa]
viale (m), corso (m)	avenida (f)	[ave'nida]
via (f), strada (f)	rua (f)	['hua]
vicolo (m)	travessa (f)	[tra'vɛsa]
vicolo (m) cieco	beco (m) sem saída	['beku sẽ sa'ida]
casa (f)	casa (f)	['kaza]
edificio (m)	edifício, prédio (m)	[edʒi'fisju], ['prɛdʒju]
grattacielo (m)	arranha-céu (m)	[a'haɲa-sɛw]
facciata (f)	fachada (f)	[fa'ʃada]
tetto (m)	telhado (m)	[te'ʎadu]

finestra (f)	janela (f)	[ʒa'nɛla]
arco (m)	arco (m)	['arku]
colonna (f)	coluna (f)	[ko'luna]
angolo (m)	esquina (f)	[is'kina]

vetrina (f)	vitrine (f)	[vi'trini]
insegna (f) (di negozi, ecc.)	letreiro (m)	[le'trejru]
cartellone (m)	cartaz (m)	[kar'taz]
cartellone (m) pubblicitario	cartaz (m) publicitário	[kar'taz publisi'tarju]
tabellone (m) pubblicitario	painel (m) publicitário	[paj'nɛw publisi'tarju]

pattume (m), spazzatura (f)	lixo (m)	['liʃu]
pattumiera (f)	lixeira (f)	[li'ʃejra]
sporcare (vi)	jogar lixo na rua	[ʒo'gar 'liʃu na 'hua]
discarica (f) di rifiuti	aterro (m) sanitário	[a'tehu sani'tarju]

cabina (f) telefonica	orelhão (m)	[ore'ʎãw]
lampione (m)	poste (m) de luz	['pɔstʃi de luz]
panchina (f)	banco (m)	['bãku]

poliziotto (m)	polícia (m)	[po'lisja]
polizia (f)	polícia (f)	[po'lisja]
mendicante (m)	mendigo, pedinte (m)	[mẽ'dʒigu], [pe'dʒĩtʃi]
barbone (m)	desabrigado (m)	[dʒizabri'gadu]

54. Servizi cittadini

negozio (m)	loja (f)	['lɔʒa]
farmacia (f)	drogaria (f)	[droga'ria]
ottica (f)	ótica (f)	['ɔtʃika]
centro (m) commerciale	centro (m) comercial	['sẽtru komer'sjaw]
supermercato (m)	supermercado (m)	[supermer'kadu]

panetteria (f)	padaria (f)	[pada'ria]
fornaio (m)	padeiro (m)	[pa'dejru]
pasticceria (f)	pastelaria (f)	[pastela'ria]
drogheria (f)	mercearia (f)	[mersja'ria]
macelleria (f)	açougue (m)	[a'sogi]

| fruttivendolo (m) | fruteira (f) | [fru'tejra] |
| mercato (m) | mercado (m) | [mer'kadu] |

caffè (m)	cafeteria (f)	[kafete'ria]
ristorante (m)	restaurante (m)	[hestaw'rãtʃi]
birreria (f), pub (m)	bar (m)	[bar]
pizzeria (f)	pizzaria (f)	[pitsa'ria]

salone (m) di parrucchiere	salão (m) de cabeleireiro	[sa'lãw de kabelej'rejru]
ufficio (m) postale	agência (f) dos correios	[a'ʒẽsja dus ko'hejus]
lavanderia (f) a secco	lavanderia (f)	[lavãde'ria]
studio (m) fotografico	estúdio (m) fotográfico	[is'tudʒu foto'grafiku]

| negozio (m) di scarpe | sapataria (f) | [sapata'ria] |
| libreria (f) | livraria (f) | [livra'ria] |

negozio (m) sportivo	loja (f) de artigos esportivos	['lɔʒa de ar'tʃigus ispor'tʃivus]
riparazione (f) di abiti	costureira (m)	[kostu'rejra]
noleggio (m) di abiti	aluguel (m) de roupa	[alu'gɛw de 'hopa]
noleggio (m) di film	videolocadora (f)	['vidʒju·loka'dɔra]

circo (m)	circo (m)	['sirku]
zoo (m)	jardim (m) zoológico	[ʒar'dʒĩ zo'lɔʒiku]
cinema (m)	cinema (m)	[si'nɛma]
museo (m)	museu (m)	[mu'zew]
biblioteca (f)	biblioteca (f)	[bibljo'tɛka]

teatro (m)	teatro (m)	['tʃatru]
teatro (m) dell'opera	ópera (f)	['ɔpera]
locale notturno (m)	boate (f)	['bwatʃi]
casinò (m)	cassino (m)	[ka'sinu]

moschea (f)	mesquita (f)	[mes'kita]
sinagoga (f)	sinagoga (f)	[sina'gɔga]
cattedrale (f)	catedral (f)	[kate'draw]
tempio (m)	templo (m)	['tẽplu]
chiesa (f)	igreja (f)	[i'greʒa]

istituto (m)	faculdade (f)	[fakuw'dadʒi]
università (f)	universidade (f)	[universi'dadʒi]
scuola (f)	escola (f)	[is'kɔla]

prefettura (f)	prefeitura (f)	[prefej'tura]
municipio (m)	câmara (f) municipal	['kamara munisi'paw]
albergo, hotel (m)	hotel (m)	[o'tɛw]
banca (f)	banco (m)	['bãku]

ambasciata (f)	embaixada (f)	[ẽbaj'ʃada]
agenzia (f) di viaggi	agência (f) de viagens	[a'ʒẽsja de 'vjaʒẽs]
ufficio (m) informazioni	agência (f) de informações	[a'ʒẽsja de ĩforma'sõjs]
ufficio (m) dei cambi	casa (f) de câmbio	['kaza de 'kãbju]

metropolitana (f)	metrô (m)	[me'tro]
ospedale (m)	hospital (m)	[ospi'taw]

distributore (m) di benzina	posto (m) de gasolina	['postu de gazo'lina]
parcheggio (m)	parque (m) de estacionamento	['parki de istasjona'mẽtu]

55. Cartelli

insegna (f) (di negozi, ecc.)	letreiro (m)	[le'trejru]
iscrizione (f)	aviso (m)	[a'vizu]
cartellone (m)	pôster (m)	['poster]
segnale (m) di direzione	placa (f) de direção	['plaka]
freccia (f)	seta (f)	['sɛta]

avvertimento (m)	aviso (m), advertência (f)	[a'vizu], [adʒiver'tẽsja]
avviso (m)	sinal (m) de aviso	[si'naw de a'vizu]
avvertire, avvisare (vt)	avisar, advertir (vt)	[avi'zar], [adʒiver'tʃir]

giorno (m) di riposo	dia (m) de folga	['dʒia de 'fɔwga]
orario (m)	horário (m)	[o'rarju]
orario (m) di apertura	horário (m)	[o'rarju]

BENVENUTI!	BEM-VINDOS!	[bẽj 'vĩdu]
ENTRATA	ENTRADA	[ẽ'trada]
USCITA	SAÍDA	[sa'ida]

SPINGERE	EMPURRE	[ẽ'puhe]
TIRARE	PUXE	['puʃe]
APERTO	ABERTO	[a'bɛrtu]
CHIUSO	FECHADO	[fe'ʃadu]

| DONNE | MULHER | [mu'ʎer] |
| UOMINI | HOMEM | ['ɔmẽ] |

SCONTI	DESCONTOS	[dʒis'kõtus]
SALDI	SALDOS, PROMOÇÃO	['sawdus], [promo'sãw]
NOVITÀ!	NOVIDADE!	[novi'dadʒi]
GRATIS	GRÁTIS	['gratʃis]

ATTENZIONE!	ATENÇÃO!	[atẽ'sãw]
COMPLETO	NÃO HÁ VAGAS	['nãw a 'vagas]
RISERVATO	RESERVADO	[hezer'vadu]

AMMINISTRAZIONE	ADMINISTRAÇÃO	[adʒiministra'sãw]
RISERVATO	SOMENTE PESSOAL	[sɔ'mẽtʃi pe'swaw
AL PERSONALE	AUTORIZADO	awtori'zadu]

ATTENTI AL CANE	CUIDADO CÃO FEROZ	[kwi'dadu kãw fe'rɔz]
VIETATO FUMARE!	PROIBIDO FUMAR!	[proi'bidu fu'mar]
NON TOCCARE	NÃO TOCAR	['nãw to'kar]

PERICOLOSO	PERIGOSO	[peri'gozu]
PERICOLO	PERIGO	[pe'rigu]
ALTA TENSIONE	ALTA TENSÃO	['awta tẽ'sãw]
DIVIETO DI BALNEAZIONE	PROIBIDO NADAR	[proi'bidu na'dar]
GUASTO	COM DEFEITO	[kõ de'fejtu]

INFIAMMABILE	INFLAMÁVEL	[ĩfla'mavew]
VIETATO	PROIBIDO	[proi'bidu]
VIETATO L'INGRESSO	ENTRADA PROIBIDA	[ẽ'trada proi'bida]
VERNICE FRESCA	CUIDADO TINTA	[kwi'dadu 'tʃĩta
	FRESCA	'freska]

56. Mezzi pubblici in città

autobus (m)	ônibus (m)	['onibus]
tram (m)	bonde (m) elétrico	['bõdʒi e'lɛtriku]
filobus (m)	trólebus (m)	['trɔlebus]
itinerario (m)	rota (f), itinerário (m)	['hota], [itʃine'rarju]
numero (m)	número (m)	['numeru]
andare in ...	ir de ...	[ir de]
salire (~ sull'autobus)	entrar no ...	[ẽ'trar nu]

scendere da ...	descer do ...	[de'ser du]
fermata (f) (~ dell'autobus)	parada (f)	[pa'rada]
prossima fermata (f)	próxima parada (f)	['prɔsima pa'rada]
capolinea (m)	terminal (m)	[termi'naw]
orario (m)	horário (m)	[o'rarju]
aspettare (vt)	esperar (vt)	[ispe'rar]

biglietto (m)	passagem (f)	[pa'saʒẽ]
prezzo (m) del biglietto	tarifa (f)	[ta'rifa]

cassiere (m)	bilheteiro (m)	[biʎe'tejru]
controllo (m) dei biglietti	controle (m) de passagens	[kõ'troli de pa'saʒãjʃ]
bigliettaio (m)	revisor (m)	[hevi'zor]

essere in ritardo	atrasar-se (vr)	[atra'zarsi]
perdere (~ il treno)	perder (vt)	[per'der]
avere fretta	estar com pressa	[is'tar kõ 'prɛsa]

taxi (m)	táxi (m)	['taksi]
taxista (m)	taxista (m)	[tak'sista]
in taxi	de táxi	[de 'taksi]
parcheggio (m) di taxi	ponto (m) de táxis	['põtu de 'taksis]
chiamare un taxi	chamar um táxi	[ʃa'mar ũ 'taksi]
prendere un taxi	pegar um táxi	[pe'gar ũ 'taksi]

traffico (m)	tráfego (m)	['trafegu]
ingorgo (m)	engarrafamento (m)	[ẽgahafa'mẽtu]
ore (f pl) di punta	horas (f pl) de pico	['ɔras de 'piku]
parcheggiarsi (vr)	estacionar (vi)	[istasjo'nar]
parcheggiare (vt)	estacionar (vt)	[istasjo'nar]
parcheggio (m)	parque (m) de estacionamento	['parki de istasjona'mẽtu]

metropolitana (f)	metrô (m)	[me'tro]
stazione (f)	estação (f)	[ista'sãw]
prendere la metropolitana	ir de metrô	[ir de me'tro]
treno (m)	trem (m)	[trẽj]
stazione (f) ferroviaria	estação (f) de trem	[ista'sãw de trẽj]

57. Visita turistica

monumento (m)	monumento (m)	[monu'mẽtu]
fortezza (f)	fortaleza (f)	[forta'leza]
palazzo (m)	palácio (m)	[pa'lasju]
castello (m)	castelo (m)	[kas'tɛlu]
torre (f)	torre (f)	['tohi]
mausoleo (m)	mausoléu (m)	[mawzo'lɛw]

architettura (f)	arquitetura (f)	[arkite'tura]
medievale (agg)	medieval	[medʒje'vaw]
antico (agg)	antigo	[ã'tʃigu]
nazionale (agg)	nacional	[nasjo'naw]
famoso (agg)	famoso	[fa'mozu]
turista (m)	turista (m)	[tu'rista]

guida (f)	guia (m)	['gia]
escursione (f)	excursão (f)	[iskur'sãw]
fare vedere	mostrar (vt)	[mos'trar]
raccontare (vt)	contar (vt)	[kõ'tar]

trovare (vt)	encontrar (vt)	[ẽkõ'trar]
perdersi (vr)	perder-se (vr)	[per'dersi]
mappa (f)	mapa (m)	['mapa]
(~ della metropolitana)		
piantina (f) (~ della città)	mapa (m)	['mapa]

souvenir (m)	lembrança (f), presente (m)	[lẽ'brãsa], [pre'zẽtʃi]
negozio (m) di articoli da regalo	loja (f) de presentes	['loʒa de pre'zẽtʃis]
fare foto	tirar fotos	[tʃi'rar 'fotus]
fotografarsi	fotografar-se (vr)	[fotogra'farse]

58. Acquisti

comprare (vt)	comprar (vt)	[kõ'prar]
acquisto (m)	compra (f)	['kõpra]
fare acquisti	fazer compras	[fa'zer 'kõpras]
shopping (m)	compras (f pl)	['kõpras]

essere aperto (negozio)	estar aberta	[is'tar a'bɛrta]
essere chiuso	estar fechada	[is'tar fe'ʃada]

calzature (f pl)	calçado (m)	[kaw'sadu]
abbigliamento (m)	roupa (f)	['hopa]
cosmetica (f)	cosméticos (m pl)	[koz'mɛtʃikus]
alimentari (m pl)	alimentos (m pl)	[ali'mẽtus]
regalo (m)	presente (m)	[pre'zẽtʃi]

commesso (m)	vendedor (m)	[vẽde'dor]
commessa (f)	vendedora (f)	[vẽde'dora]

cassa (f)	caixa (f)	['kaɪʃa]
specchio (m)	espelho (m)	[is'peʎu]
banco (m)	balcão (m)	[baw'kãw]
camerino (m)	provador (m)	[prɔva'dor]

provare (~ un vestito)	provar (vt)	[pro'var]
stare bene (vestito)	servir (vi)	[ser'vir]
piacere (vi)	gostar (vt)	[gos'tar]

prezzo (m)	preço (m)	['presu]
etichetta (f) del prezzo	etiqueta (f) de preço	[etʃi'keta de 'presu]
costare (vt)	custar (vt)	[kus'tar]
Quanto?	Quanto?	['kwãtu]
sconto (m)	desconto (m)	[dʒis'kõtu]

no muy caro (agg)	não caro	['nãw 'karu]
a buon mercato	barato	[ba'ratu]
caro (agg)	caro	['karu]

È caro	É caro	[ɛ 'karu]
noleggio (m)	aluguel (m)	[alu'gɛw]
noleggiare (~ un abito)	alugar (vt)	[alu'gar]
credito (m)	crédito (m)	['krɛdʒitu]
a credito	a crédito	[a 'krɛdʒitu]

59. Denaro

soldi (m pl)	dinheiro (m)	[dʒi'ɲejru]
cambio (m)	câmbio (m)	['kãbju]
corso (m) di cambio	taxa (f) de câmbio	['taʃa de 'kãbju]
bancomat (m)	caixa (m) eletrônico	['kaɪʃa ele'troniku]
moneta (f)	moeda (f)	['mwɛda]

dollaro (m)	dólar (m)	['dɔlar]
euro (m)	euro (m)	['ewru]

lira (f)	lira (f)	['lira]
marco (m)	marco (m)	['marku]
franco (m)	franco (m)	['frãku]
sterlina (f)	libra (f) esterlina	['libra ister'linu]
yen (m)	iene (m)	['jɛni]

debito (m)	dívida (f)	['dʒivida]
debitore (m)	devedor (m)	[deve'dor]
prestare (~ i soldi)	emprestar (vt)	[ẽpres'tar]
prendere in prestito	pedir emprestado	[pe'dʒir ẽpres'tadu]

banca (f)	banco (m)	['bãku]
conto (m)	conta (f)	['kõta]
versare (vt)	depositar (vt)	[depozi'tar]
versare sul conto	depositar na conta	[depozi'tar na 'kõta]
prelevare dal conto	sacar (vt)	[sa'kar]

carta (f) di credito	cartão (m) de crédito	[kar'tãw de 'krɛdʒitu]
contanti (m pl)	dinheiro (m) vivo	[dʒi'ɲejru 'vivu]
assegno (m)	cheque (m)	['ʃɛki]
emettere un assegno	passar um cheque	[pa'sar ũ 'ʃɛki]
libretto (m) di assegni	talão (m) de cheques	[ta'lãw de 'ʃɛkis]

portafoglio (m)	carteira (f)	[kar'tejra]
borsellino (m)	niqueleira (f)	[nike'lejra]
cassaforte (f)	cofre (m)	['kɔfri]

erede (m)	herdeiro (m)	[er'dejru]
eredità (f)	herança (f)	[e'rãsa]
fortuna (f)	fortuna (f)	[for'tuna]

affitto (m), locazione (f)	arrendamento (m)	[ahẽda'mẽtu]
canone (m) d'affitto	aluguel (m)	[alu'gɛw]
affittare (dare in affitto)	alugar (vt)	[alu'gar]

prezzo (m)	preço (m)	['presu]
costo (m)	custo (m)	['kustu]

somma (f)	soma (f)	['sɔma]
spendere (vt)	gastar (vt)	[gas'tar]
spese (f pl)	gastos (m pl)	['gastus]
economizzare (vi, vt)	economizar (vi)	[ekonomi'zar]
economico (agg)	econômico	[eko'nomiku]

pagare (vi, vt)	pagar (vt)	[pa'gar]
pagamento (m)	pagamento (m)	[paga'mẽtu]
resto (m) (dare il ~)	troco (m)	['troku]

imposta (f)	imposto (m)	[ĩ'postu]
multa (f), ammenda (f)	multa (f)	['muwta]
multare (vt)	multar (vt)	[muw'tar]

60. Posta. Servizio postale

ufficio (m) postale	agência (f) dos correios	[a'ʒẽsja dus ko'hejus]
posta (f) (lettere, ecc.)	correio (m)	[ko'heju]
postino (m)	carteiro (m)	[kar'tejru]
orario (m) di apertura	horário (m)	[o'rarju]

lettera (f)	carta (f)	['karta]
raccomandata (f)	carta (f) registada	['karta heʒis'tada]
cartolina (f)	cartão (m) postal	[kar'tãw pos'taw]
telegramma (m)	telegrama (m)	[tele'grama]
pacco (m) postale	encomenda (f)	[ẽko'mẽda]
vaglia (m) postale	transferência (f) de dinheiro	[trãsfe'rẽsja de dʒi'ɲejru]

ricevere (vt)	receber (vt)	[hese'ber]
spedire (vt)	enviar (vt)	[ẽ'vjar]
invio (m)	envio (m)	[ẽ'viu]

indirizzo (m)	endereço (m)	[ẽde'resu]
codice (m) postale	código (m) postal	['kɔdʒigu pos'taw]
mittente (m)	remetente (m)	[heme'tẽtʃi]
destinatario (m)	destinatário (m)	[destʃina'tarju]

| nome (m) | nome (m) | ['nɔmi] |
| cognome (m) | sobrenome (m) | [sobri'nɔmi] |

tariffa (f)	tarifa (f)	[ta'rifa]
ordinario (agg)	ordinário	[ordʒi'narju]
standard (agg)	econômico	[eko'nomiku]

peso (m)	peso (m)	['pezu]
pesare (vt)	pesar (vt)	[pe'zar]
busta (f)	envelope (m)	[ẽve'lɔpi]
francobollo (m)	selo (m) postal	['selu pos'taw]
affrancare (vt)	colar o selo	[ko'lar u 'selu]

Abitazione. Casa

61. Casa. Elettricità

elettricità (f)	eletricidade (f)	[eletrisi'dadʒi]
lampadina (f)	lâmpada (f)	['lãpada]
interruttore (m)	interruptor (m)	[ĩtehup'tor]
fusibile (m)	fusível, disjuntor (m)	[fu'zivew], [dʒisʒũ'tor]
filo (m)	fio, cabo (m)	['fiu], ['kabu]
impianto (m) elettrico	instalação (f) elétrica	[ĩstala'sãw e'lɛtrika]
contatore (m) dell'elettricità	medidor (m) de eletricidade	[medʒi'dor de eletrisi'dadʒi]
lettura, indicazione (f)	indicação (f), registro (m)	[indʒika'sãw], [he'ʒistru]

62. Villa. Palazzo

casa (f) di campagna	casa (f) de campo	['kaza de 'kãpu]
villa (f)	vila (f)	['vila]
ala (f)	ala (f)	['ala]
giardino (m)	jardim (m)	[ʒar'dʒĩ]
parco (m)	parque (m)	['parki]
serra (f)	estufa (f)	[is'tufa]
prendersi cura (~ del giardino)	cuidar de ...	[kwi'dar de]
piscina (f)	piscina (f)	[pi'sina]
palestra (f)	academia (f) de ginástica	[akade'mia de ʒi'nastʃika]
campo (m) da tennis	quadra (f) de tênis	['kwadra de 'tenis]
home cinema (m)	cinema (m)	[si'nɛma]
garage (m)	garagem (f)	[ga'raʒẽ]
proprietà (f) privata	propriedade (f) privada	[proprje'dadʒi pri'vada]
terreno (m) privato	terreno (m) privado	[te'hɛnu pri'vadu]
avvertimento (m)	advertência (f)	[adʒiver'tẽsja]
cartello (m) di avvertimento	sinal (m) de aviso	[si'naw de a'vizu]
sicurezza (f)	guarda (f)	['gwarda]
guardia (f) giurata	guarda (m)	['gwarda]
allarme (f) antifurto	alarme (m)	[a'larmi]

63. Appartamento

appartamento (m)	apartamento (m)	[aparta'mẽtu]
camera (f), stanza (f)	quarto, cômodo (m)	['kwartu], ['komodu]

camera (f) da letto	**quarto (m) de dormir**	['kwartu de dor'mir]
sala (f) da pranzo	**sala (f) de jantar**	['sala de ʒã'tar]
salotto (m)	**sala (f) de estar**	['sala de is'tar]
studio (m)	**escritório (m)**	[iskri'tɔrju]
ingresso (m)	**sala (f) de entrada**	['sala de ẽ'trada]
bagno (m)	**banheiro (m)**	[ba'ɲejru]
gabinetto (m)	**lavabo (m)**	[la'vabu]
soffitto (m)	**teto (m)**	['tɛtu]
pavimento (m)	**chão, piso (m)**	['ʃãw], ['pizu]
angolo (m)	**canto (m)**	['kãtu]

64. Arredamento. Interno

mobili (m pl)	**mobiliário (m)**	[mobi'ljarju]
tavolo (m)	**mesa (f)**	['meza]
sedia (f)	**cadeira (f)**	[ka'dejra]
letto (m)	**cama (f)**	['kama]
divano (m)	**sofá, divã (m)**	[so'fa], [dʒi'vã]
poltrona (f)	**poltrona (f)**	[pow'trɔna]
libreria (f)	**estante (f)**	[is'tãtʃi]
ripiano (m)	**prateleira (f)**	[prate'lejra]
armadio (m)	**guarda-roupas (m)**	['gwarda 'hopa]
attaccapanni (m) da parete	**cabide (m) de parede**	[ka'bidʒi de pa'redʒi]
appendiabiti (m) da terra	**cabideiro (m) de pé**	[kabi'dejru de pɛ]
comò (m)	**cômoda (f)**	['komoda]
tavolino (m) da salotto	**mesinha (f) de centro**	[me'ziɲa de 'sẽtru]
specchio (m)	**espelho (m)**	[is'peʎu]
tappeto (m)	**tapete (m)**	[ta'petʃi]
tappetino (m)	**tapete (m)**	[ta'petʃi]
camino (m)	**lareira (f)**	[la'rejra]
candela (f)	**vela (f)**	['vɛla]
candeliere (m)	**castiçal (m)**	[kastʃi'saw]
tende (f pl)	**cortinas (f pl)**	[kor'tʃinas]
carta (f) da parati	**papel (m) de parede**	[pa'pɛw de pa'redʒi]
tende (f pl) alla veneziana	**persianas (f pl)**	[per'sjanas]
lampada (f) da tavolo	**luminária (f) de mesa**	[lumi'narja de 'meza]
lampada (f) da parete	**luminária (f) de parede**	[lumi'narja de pa'redʒi]
lampada (f) a stelo	**abajur (m) de pé**	[aba'ʒur de 'pɛ]
lampadario (m)	**lustre (m)**	['lustri]
gamba (f)	**pé (m)**	[pɛ]
bracciolo (m)	**braço, descanso (m)**	['brasu], [dʒis'kãsu]
spalliera (f)	**costas (f pl)**	['kɔstas]
cassetto (m)	**gaveta (f)**	[ga'veta]

65. Biancheria da letto

biancheria (f) da letto	roupa (f) de cama	['hopa de 'kama]
cuscino (m)	travesseiro (m)	[trave'sejru]
federa (f)	fronha (f)	['froɲa]
coperta (f)	cobertor (m)	[kuber'tor]
lenzuolo (m)	lençol (m)	[lẽ'sɔw]
copriletto (m)	colcha (f)	['kowʃa]

66. Cucina

cucina (f)	cozinha (f)	[ko'ziɲa]
gas (m)	gás (m)	[gajs]
fornello (m) a gas	fogão (m) a gás	[fo'gãw a gajs]
fornello (m) elettrico	fogão (m) elétrico	[fo'gãw e'lɛtriku]
forno (m)	forno (m)	['fornu]
forno (m) a microonde	forno (m) de micro-ondas	['fornu de mikro'õdas]
frigorifero (m)	geladeira (f)	[ʒela'dejra]
congelatore (m)	congelador (m)	[kõʒela'dor]
lavastoviglie (f)	máquina (f) de lavar louça	['makina de la'var 'losa]
tritacarne (m)	moedor (m) de carne	[moe'dor de 'karni]
spremifrutta (m)	espremedor (m)	[ispreme'dor]
tostapane (m)	torradeira (f)	[toha'dejra]
mixer (m)	batedeira (f)	[bate'dejra]
macchina (f) da caffè	máquina (f) de café	['makina de ka'fɛ]
caffettiera (f)	cafeteira (f)	[kafe'tejra]
macinacaffè (m)	moedor (m) de café	[moe'dor de ka'fɛ]
bollitore (m)	chaleira (f)	[ʃa'lejra]
teiera (f)	bule (m)	['buli]
coperchio (m)	tampa (f)	['tãpa]
colino (m) da tè	coador (m) de chá	[koa'dor de ʃa]
cucchiaio (m)	colher (f)	[ko'ʎer]
cucchiaino (m) da tè	colher (f) de chá	[ko'ʎer de ʃa]
cucchiaio (m)	colher (f) de sopa	[ko'ʎer de 'sopa]
forchetta (f)	garfo (m)	['garfu]
coltello (m)	faca (f)	['faka]
stoviglie (f pl)	louça (f)	['losa]
piatto (m)	prato (m)	['pratu]
piattino (m)	pires (m)	['piris]
cicchetto (m)	cálice (m)	['kalisi]
bicchiere (m) (~ d'acqua)	copo (m)	['kopu]
tazzina (f)	xícara (f)	['ʃikara]
zuccheriera (f)	açucareiro (m)	[asuka'rejru]
saliera (f)	saleiro (m)	[sa'lejru]
pepiera (f)	pimenteiro (m)	[pimẽ'tejru]

burriera (f)	manteigueira (f)	[mãtej'gejra]
pentola (f)	panela (f)	[pa'nɛla]
padella (f)	frigideira (f)	[friʒi'dejra]
mestolo (m)	concha (f)	['kõʃa]
colapasta (m)	coador (m)	[koa'dor]
vassoio (m)	bandeja (f)	[bã'deʒa]

bottiglia (f)	garrafa (f)	[ga'hafa]
barattolo (m) di vetro	pote (m) de vidro	['pɔtʃi de 'vidru]
latta, lattina (f)	lata (f)	['lata]

apribottiglie (m)	abridor (m) de garrafa	[abri'dor de ga'hafa]
apriscatole (m)	abridor (m) de latas	[abri'dor de 'latas]
cavatappi (m)	saca-rolhas (m)	['saka-'hoʎas]
filtro (m)	filtro (m)	['fiwtru]
filtrare (vt)	filtrar (vt)	[fiw'trar]

spazzatura (f)	lixo (m)	['liʃu]
pattumiera (f)	lixeira (f)	[li'ʃejra]

67. Bagno

bagno (m)	banheiro (m)	[ba'ɲejru]
acqua (f)	água (f)	['agwa]
rubinetto (m)	torneira (f)	[tor'nejra]
acqua (f) calda	água (f) quente	['agwa 'kẽtʃi]
acqua (f) fredda	água (f) fria	['agwa 'fria]

dentifricio (m)	pasta (f) de dente	['pasta de 'dẽtʃi]
lavarsi i denti	escovar os dentes	[isko'var us 'dẽtʃis]
spazzolino (m) da denti	escova (f) de dente	[is'kova de 'dẽtʃi]

rasarsi (vr)	barbear-se (vr)	[bar'bjarsi]
schiuma (f) da barba	espuma (f) de barbear	[is'puma de bar'bjar]
rasoio (m)	gilete (f)	[ʒi'lɛtʃi]

lavare (vt)	lavar (vt)	[la'var]
fare un bagno	tomar banho	[to'mar baɲu]
doccia (f)	chuveiro (m), ducha (f)	[ʃu'vejru], ['duʃa]
fare una doccia	tomar uma ducha	[to'mar 'uma 'duʃa]

vasca (f) da bagno	banheira (f)	[ba'ɲejra]
water (m)	vaso (m) sanitário	['vazu sani'tarju]
lavandino (m)	pia (f)	['pia]

sapone (m)	sabonete (m)	[sabo'netʃi]
porta (m) sapone	saboneteira (f)	[sabone'tejra]

spugna (f)	esponja (f)	[is'põʒa]
shampoo (m)	xampu (m)	[ʃã'pu]
asciugamano (m)	toalha (f)	[to'aʎa]
accappatoio (m)	roupão (m) de banho	[ho'pãw de 'baɲu]
bucato (m)	lavagem (f)	[la'vaʒẽ]
lavatrice (f)	lavadora (f) de roupas	[lava'dora de 'hopas]

| fare il bucato | lavar a roupa | [la'var a 'hopa] |
| detersivo (m) per il bucato | detergente (m) | [deter'ʒ̃etʃi] |

68. Elettrodomestici

televisore (m)	televisor (m)	[televi'zor]
registratore (m) a nastro	gravador (m)	[grava'dor]
videoregistratore (m)	videogravador (m)	['vidʒju·grava'dor]
radio (f)	rádio (m)	['hadʒju]
lettore (m)	leitor (m)	[lej'tor]

videoproiettore (m)	projetor (m)	[proʒe'tor]
home cinema (m)	cinema (m) em casa	[si'nɛma ẽ 'kaza]
lettore (m) DVD	DVD Player (m)	[deve'de 'plejer]
amplificatore (m)	amplificador (m)	[ãplifika'dor]
console (f) video giochi	console (f) de jogos	[kõ'sɔli de 'ʒogus]

videocamera (f)	câmera (f) de vídeo	['kamera de 'vidʒju]
macchina (f) fotografica	máquina (f) fotográfica	['makina foto'grafika]
fotocamera (f) digitale	câmera (f) digital	['kamera dʒiʒi'taw]

aspirapolvere (m)	aspirador (m)	[aspira'dor]
ferro (m) da stiro	ferro (m) de passar	['fɛhu de pa'sar]
asse (f) da stiro	tábua (f) de passar	['tabwa de pa'sar]

telefono (m)	telefone (m)	[tele'fɔni]
telefonino (m)	celular (m)	[selu'lar]
macchina (f) da scrivere	máquina (f) de escrever	['makina de iskre'ver]
macchina (f) da cucire	máquina (f) de costura	['makina de kos'tura]

microfono (m)	microfone (m)	[mikro'fɔni]
cuffia (f)	fone (m) de ouvido	['fɔni de o'vidu]
telecomando (m)	controle remoto (m)	[kõ'troli he'mɔtu]

CD (m)	CD (m)	['sede]
cassetta (f)	fita (f) cassete	['fita ka'sɛtʃi]
disco (m) (vinile)	disco (m) de vinil	['dʒisku de vi'niw]

ATTIVITÀ UMANA

Lavoro. Affari. Parte 1

69. Ufficio. Lavorare in ufficio

uffici (m pl) (gli ~ della società)	escritório (m)	[iskri'tɔrju]
ufficio (m)	escritório (m)	[iskri'tɔrju]
portineria (f)	recepção (f)	[hesep'sãw]
segretario (m)	secretário (m)	[sekre'tarju]
segretaria (f)	secretária (f)	[sekre'tarja]
direttore (m)	diretor (m)	[dʒire'tor]
manager (m)	gerente (m)	[ʒe'rẽtʃi]
contabile (m)	contador (m)	[kõta'dor]
impiegato (m)	empregado (m)	[ẽpre'gadu]
mobili (m pl)	mobiliário (m)	[mobi'ljarju]
scrivania (f)	mesa (f)	['meza]
poltrona (f)	cadeira (f)	[ka'dejra]
cassettiera (f)	gaveteiro (m)	[gave'tejru]
appendiabiti (m) da terra	cabideiro (m) de pé	[kabi'dejru de pɛ]
computer (m)	computador (m)	[kõputa'dor]
stampante (f)	impressora (f)	[ĩpre'sora]
fax (m)	fax (m)	[faks]
fotocopiatrice (f)	fotocopiadora (f)	[fotokopja'dora]
carta (f)	papel (m)	[pa'pɛw]
cancelleria (f)	artigos (m pl) de escritório	[ar'tʃigus de iskri'tɔrju]
tappetino (m) del mouse	tapete (m) para mouse	[ta'petʃi 'para 'mawz]
foglio (m)	folha (f)	['foʎa]
cartella (f)	pasta (f)	['pasta]
catalogo (m)	catálogo (m)	[ka'talogu]
elenco (m) del telefono	lista (f) telefônica	['lista tele'fonika]
documentazione (f)	documentação (f)	[dokumẽta'sãw]
opuscolo (m)	brochura (f)	[bro'ʃura]
volantino (m)	panfleto (m)	[pã'fletu]
campione (m)	amostra (f)	[a'mɔstra]
formazione (f)	formação (f)	[forma'sãw]
riunione (f)	reunião (f)	[heu'njãw]
pausa (f) pranzo	hora (f) de almoço	['ɔra de aw'mosu]
copiare (vt)	fazer uma cópia	[fa'zer 'uma 'kɔpja]
fare copie	tirar cópias	[tʃi'rar 'kɔpjas]
ricevere un fax	receber um fax	[hese'ber ũ faks]
spedire un fax	enviar um fax	[ẽ'vjar ũ faks]

telefonare (vi, vt)	fazer uma chamada	[fa'zer 'uma ʃa'mada]
rispondere (vi, vt)	responder (vt)	[hespõ'der]
passare (glielo passo)	passar (vt)	[pa'sar]

fissare (organizzare)	marcar (vt)	[mar'kar]
dimostrare (vt)	demonstrar (vt)	[demõs'trar]
essere assente	estar ausente	[is'tar aw'zẽtʃi]
assenza (f)	ausência (f)	[aw'zẽsja]

70. Operazioni d'affari. Parte 1

attività (f)	negócio (m)	[ne'gɔsju]
occupazione (f)	ocupação (f)	[okupa'sãw]
ditta (f)	firma, empresa (f)	['firma], [ẽ'preza]
compagnia (f)	companhia (f)	[kõpa'ɲia]
corporazione (f)	corporação (f)	[korpora'sãw]
impresa (f)	empresa (f)	[ẽ'preza]
agenzia (f)	agência (f)	[a'ʒẽsja]

accordo (m)	acordo (m)	[a'kordu]
contratto (m)	contrato (m)	[kõ'tratu]
affare (m)	acordo (m)	[a'kordu]
ordine (m) (ordinazione)	pedido (m)	[pe'dʒidu]
termine (m) dell'accordo	termos (m pl)	['termus]

all'ingrosso	por atacado	[por ata'kadu]
all'ingrosso (agg)	por atacado	[por atak'adu]
vendita (f) all'ingrosso	venda (f) por atacado	['vẽda pur ata'kadu]
al dettaglio (agg)	a varejo	[a va'reʒu]
vendita (f) al dettaglio	venda (f) a varejo	['vẽda a va'reʒu]

concorrente (m)	concorrente (m)	[kõko'hẽtʃi]
concorrenza (f)	concorrência (f)	[kõko'hẽsja]
competere (vi)	competir (vi)	[kõpe'tʃir]

| socio (m), partner (m) | sócio (m) | ['sɔsju] |
| partenariato (m) | parceria (f) | [parse'ria] |

crisi (f)	crise (f)	['krizi]
bancarotta (f)	falência (f)	[fa'lẽsja]
fallire (vi)	entrar em falência	[ẽ'trar ẽ fa'lẽsja]
difficoltà (f)	dificuldade (f)	[dʒifikuw'dadʒi]
problema (m)	problema (m)	[prob'lɛma]
disastro (m)	catástrofe (f)	[ka'tastrofi]

economia (f)	economia (f)	[ekono'mia]
economico (agg)	econômico	[eko'nomiku]
recessione (f) economica	recessão (f) econômica	[hesep'sãw eko'nomika]

| scopo (m), obiettivo (m) | objetivo (m) | [obʒe'tʃivu] |
| incarico (m) | tarefa (f) | [ta'rɛfa] |

| commerciare (vi) | comerciar (vi, vt) | [komer'sjar] |
| rete (f) (~ di distribuzione) | rede (f), cadeia (f) | ['hedʒi], [ka'deja] |

giacenza (f)	estoque (m)	[is'tɔki]
assortimento (m)	sortimento (m)	[sortʃi'mẽtu]
leader (m), capo (m)	líder (m)	['lider]
grande (agg)	grande	['grãdʒi]
monopolio (m)	monopólio (m)	[mono'pɔlju]
teoria (f)	teoria (f)	[teo'ria]
pratica (f)	prática (f)	['pratʃika]
esperienza (f)	experiência (f)	[ispe'rjẽsja]
tendenza (f)	tendência (f)	[tẽ'dẽsja]
sviluppo (m)	desenvolvimento (m)	[dʒizẽvowvi'mẽtu]

71. Operazioni d'affari. Parte 2

profitto (m)	rentabilidade (f)	[hẽtabili'dadʒi]
profittevole (agg)	rentável	[hẽ'tavew]
delegazione (f)	delegação (f)	[delega'sãw]
stipendio (m)	salário, ordenado (m)	[sa'larju], [orde'nadu]
correggere (vt)	corrigir (vt)	[kohi'ʒir]
viaggio (m) d'affari	viagem (f) de negócios	['vjaʒẽ de ne'gɔsjus]
commissione (f)	comissão (f)	[komi'sãw]
controllare (vt)	controlar (vt)	[kõtro'lar]
conferenza (f)	conferência (f)	[kõfe'rẽsja]
licenza (f)	licença (f)	[li'sẽsa]
affidabile (agg)	confiável	[kõ'fjavew]
iniziativa (f) (progetto nuovo)	empreendimento (m)	[ẽprjẽdʒi'mẽtu]
norma (f)	norma (f)	['norma]
circostanza (f)	circunstância (f)	[sirkũ'stãsja]
mansione (f)	dever (m)	[de'ver]
impresa (f)	empresa (f)	[ẽ'preza]
organizzazione (f)	organização (f)	[organiza'sãw]
organizzato (agg)	organizado	[organi'zadu]
annullamento (m)	anulação (f)	[anula'sãw]
annullare (vt)	anular, cancelar (vt)	[anu'lar], [kãse'lar]
rapporto (m) (~ ufficiale)	relatório (m)	[hela'tɔrju]
brevetto (m)	patente (f)	[pa'tẽtʃi]
brevettare (vt)	patentear (vt)	[patẽ'tʃjar]
pianificare (vt)	planejar (vt)	[plane'ʒar]
premio (m)	bônus (m)	['bonus]
professionale (agg)	profissional	[profisjo'naw]
procedura (f)	procedimento (m)	[prosedʒi'mẽtu]
esaminare (~ un contratto)	examinar (vt)	[ezami'nar]
calcolo (m)	cálculo (m)	['kawkulu]
reputazione (f)	reputação (f)	[reputa'sãw]
rischio (m)	risco (m)	['hisku]
dirigere (~ un'azienda)	dirigir (vt)	[dʒiri'ʒir]

informazioni (f pl)	informação (f)	[ĩforma'sãw]
proprietà (f)	propriedade (f)	[proprje'dadʒi]
unione (f)	união (f)	[u'njãw]
(~ Italiana Vini, ecc.)		

assicurazione (f) sulla vita	seguro (m) de vida	[se'guru de 'vida]
assicurare (vt)	fazer um seguro	[fa'zer ũ se'guru]
assicurazione (f)	seguro (m)	[se'guru]

asta (f)	leilão (m)	[lej'lãw]
avvisare (informare)	notificar (vt)	[notʃifi'kar]
gestione (f)	gestão (f)	[ʒes'tãw]
servizio (m)	serviço (m)	[ser'visu]

forum (m)	fórum (m)	['forũ]
funzionare (vi)	funcionar (vi)	[fũsjo'nar]
stadio (m) (fase)	estágio (m)	[is'taʒu]
giuridico (agg)	jurídico, legal	[ʒu'ridʒiku], [le'gaw]
esperto (m) legale	advogado (m)	[adʒivo'gadu]

72. Attività produttiva. Lavori

stabilimento (m)	usina (f)	[u'zina]
fabbrica (f)	fábrica (f)	['fabrika]
officina (f) di produzione	oficina (f)	[ofi'sina]
stabilimento (m)	local (m) de produção	[lo'kaw de produ'sãw]

industria (f)	indústria (f)	[ĩ'dustrja]
industriale (agg)	industrial	[ĩdus'trjaw]
industria (f) pesante	indústria (f) pesada	[ĩ'dustrja pe'zada]
industria (f) leggera	indústria (f) ligeira	[ĩ'dustrja li'ʒejra]

prodotti (m pl)	produção (f)	[produ'sãw]
produrre (vt)	produzir (vt)	[produ'zir]
materia (f) prima	matérias-primas (f pl)	[ma'tɛrjas 'primas]

caposquadra (m)	chefe (m) de obras	['ʃɛfi de 'ɔbras]
squadra (f)	equipe (f)	[e'kipi]
operaio (m)	operário (m)	[ope'rarju]

giorno (m) lavorativo	dia (m) de trabalho	['dʒia de tra'baʎu]
pausa (f)	intervalo (m)	[ĩter'valu]
riunione (f)	reunião (f)	[heu'njãw]
discutere (~ di un problema)	discutir (vt)	[dʒisku'tʃir]

piano (m)	plano (m)	['planu]
eseguire il piano	cumprir o plano	[kũ'prir u 'planu]
tasso (m) di produzione	taxa (f) de produção	['taʃa de produ'sãw]
qualità (f)	qualidade (f)	[kwali'dadʒi]
controllo (m)	controle (m)	[kõ'troli]
controllo (m) di qualità	controle (m) da qualidade	[kõ'troli da kwali'dadʒi]

sicurezza (f) sul lavoro	segurança (f) no trabalho	[segu'rãsa nu tra'baʎu]
disciplina (f)	disciplina (f)	[dʒisi'plina]

infrazione (f)	infração (f)	[ĩfra'sãw]
violare (~ le regole)	violar (vt)	[vjo'lar]

sciopero (m)	greve (f)	['grɛvi]
scioperante (m)	grevista (m)	[gre'vista]
fare sciopero	estar em greve	[is'tar ẽ 'grɛvi]
sindacato (m)	sindicato (m)	[sĩdʒi'katu]

inventare (vt)	inventar (vt)	[ĩvẽ'tar]
invenzione (f)	invenção (f)	[ĩvẽ'sãw]
ricerca (f)	pesquisa (f)	[pes'kiza]
migliorare (vt)	melhorar (vt)	[meʎo'rar]
tecnologia (f)	tecnologia (f)	[teknolo'ʒia]
disegno (m) tecnico	desenho (m) técnico	[de'zɐɲu 'tɛkniku]

carico (m)	carga (f)	['karga]
caricatore (m)	carregador (m)	[kahega'dor]
caricare (~ un camion)	carregar (vt)	[kahe'gar]
caricamento (m)	carregamento (m)	[kahega'mẽtu]
scaricare (vt)	descarregar (vt)	[dʒiskahe'gar]
scarico (m)	descarga (f)	[dʒis'karga]

trasporto (m)	transporte (m)	[trãs'portʃi]
società (f) di trasporti	companhia (f) de transporte	[kõpa'ɲia de trãs'portʃi]
trasportare (vt)	transportar (vt)	[trãspor'tar]

vagone (m) merci	vagão (m) de carga	[va'gãw de 'karga]
cisterna (f)	tanque (m)	['tãki]
camion (m)	caminhão (m)	[kami'ɲãw]

macchina (f) utensile	máquina (f) operatriz	['makina opera'triz]
meccanismo (m)	mecanismo (m)	[meka'nizmu]

rifiuti (m pl) industriali	resíduos (m pl) industriais	[he'zidwus ĩdus'trjajs]
imballaggio (m)	embalagem (f)	[ẽba'laʒẽ]
imballare (vt)	embalar (vt)	[ẽba'lar]

73. Contratto. Accordo

contratto (m)	contrato (m)	[kõ'tratu]
accordo (m)	acordo (m)	[a'kordu]
allegato (m)	anexo (m)	[a'nɛksu]

firmare un contratto	assinar o contrato	[asi'nar u kõ'tratu]
firma (f)	assinatura (f)	[asina'tura]
firmare (vt)	assinar (vt)	[asi'nar]
timbro (m) (su documenti)	carimbo (m)	[ka'rĩbu]

oggetto (m) del contratto	objeto (m) do contrato	[ob'ʒɛtu du kõ'tratu]
clausola (f)	cláusula (f)	['klawzula]
parti (f pl) (in un contratto)	partes (f pl)	['partʃis]
sede (f) legale	domicílio (m) legal	[domi'silju le'gaw]
sciogliere un contratto	violar o contrato	[vjo'lar u kõ'tratu]
obbligo (m)	obrigação (f)	[obriga'sãw]

responsabilità (f)	responsabilidade (f)	[hespõsabili'dadʒi]
forza (f) maggiore	força (f) maior	['forsa ma'jɔr]
discussione (f)	litígio (m), disputa (f)	[li'tʃiʒju], [dʒis'puta]
sanzioni (f pl)	multas (f pl)	['muwtas]

74. Import-export

importazione (f)	importação (f)	[importa'sãw]
importatore (m)	importador (m)	[ĩporta'dor]
importare (vt)	importar (vt)	[ĩpor'tar]
d'importazione (agg)	de importação	[de importa'sãw]

esportazione (f)	exportação (f)	[isporta'sãw]
esportatore (m)	exportador (m)	[isporta'dor]
esportare (vt)	exportar (vt)	[ispor'tar]
d'esportazione (agg)	de exportação	[de isporta'sãw]

| merce (f) | mercadoria (f) | [merkado'ria] |
| carico (m) | lote (m) | ['lɔtʃi] |

peso (m)	peso (m)	['pezu]
volume (m)	volume (m)	[vo'lumi]
metro (m) cubo	metro (m) cúbico	['mɛtru 'kubiku]

produttore (m)	produtor (m)	[produ'tor]
società (f) di trasporti	companhia (f) de transporte	[kõpa'ɲia de trãs'pɔrtʃi]
container (m)	contêiner (m)	[kõ'tejner]

frontiera (f)	fronteira (f)	[frõ'tejra]
dogana (f)	alfândega (f)	[aw'fãdʒiga]
dazio (m) doganale	taxa (f) alfandegária	['taʃa awfãde'garja]
doganiere (m)	funcionário (m) da alfândega	[fũsjo'narju da aw'fãdʒiga]
contrabbando (m)	contrabando (m)	[kõtra'bãdu]
merci (f pl) contrabbandate	contrabando (m)	[kõtra'bãdu]

75. Mezzi finanziari

azione (f)	ação (f)	[a'sãw]
obbligazione (f)	obrigação (f)	[obriga'sãw]
cambiale (f)	nota (f) promissória	['nɔta promi'sɔrja]

| borsa (f) | bolsa (f) de valores | ['bowsa de va'lores] |
| quotazione (f) | cotação (m) das ações | [kota'sãw das a'sõjs] |

| diminuire di prezzo | tornar-se mais barato | [tor'narsi majs ba'ratu] |
| aumentare di prezzo | tornar-se mais caro | [tor'narsi majs 'karu] |

quota (f)	parte (f)	['partʃi]
pacchetto (m) di maggioranza	participação (f) majoritária	[partʃisipa'sãw maʒori'tarja]
investimento (m)	investimento (m)	[ĩvestʃi'mẽtu]
investire (vt)	investir (vt)	[ĩves'tʃir]
percento (m)	porcentagem (f)	[porsẽ'taʒẽ]

interessi (m pl) (su investimenti)	juros (m pl)	['ʒurus]
profitto (m)	lucro (m)	['lukru]
redditizio (agg)	lucrativo	[lukra'tʃivu]
imposta (f)	imposto (m)	[ĩ'postu]
valuta (f) (~ estera)	divisa (f)	[dʒi'viza]
nazionale (agg)	nacional	[nasjo'naw]
cambio (m) (~ valuta)	câmbio (m)	['kãbju]
contabile (m)	contador (m)	[kõta'dɔr]
ufficio (m) contabilità	contabilidade (f)	[kõtabili'dadʒi]
bancarotta (f)	falência (f)	[fa'lẽsja]
fallimento (m)	falência, quebra (f)	[fa'lẽsja], ['kɛbra]
rovina (f)	ruína (f)	['hwina]
andare in rovina	estar quebrado	[is'tar ke'bradu]
inflazione (f)	inflação (f)	[ĩfla'sãw]
svalutazione (f)	desvalorização (f)	[dʒizvaloriza'sãw]
capitale (m)	capital (m)	[kapi'taw]
reddito (m)	rendimento (m)	[hẽdʒi'mẽtu]
giro (m) di affari	volume (m) de negócios	[vo'lumi de ne'gɔsjus]
risorse (f pl)	recursos (m pl)	[he'kursus]
mezzi (m pl) finanziari	recursos (m pl) financeiros	[he'kursus finã'sejrus]
spese (f pl) generali	despesas (f pl) gerais	[dʒis'pezas ʒe'rajs]
ridurre (~ le spese)	reduzir (vt)	[hedu'zir]

76. Marketing

marketing (m)	marketing (m)	['marketʃĩn]
mercato (m)	mercado (m)	[mer'kadu]
segmento (m) di mercato	segmento (m) do mercado	[sɛg'mẽtu du mer'kadu]
prodotto (m)	produto (m)	[pru'dutu]
merce (f)	mercadoria (f)	[merkado'ria]
marca (f)	marca (f)	['marka]
marchio (m) di fabbrica	marca (f) registrada	['marka heʒis'trada]
logotipo (m)	logotipo (m)	[logo'tʃipu]
logo (m)	logo (m)	['lɔgu]
domanda (f)	demanda (f)	[de'mãda]
offerta (f)	oferta (f)	[ɔ'fɛrta]
bisogno (m)	necessidade (f)	[nesesi'dadʒi]
consumatore (m)	consumidor (m)	[kõsumi'dor]
analisi (f)	análise (f)	[a'nalizi]
analizzare (vt)	analisar (vt)	[anali'zar]
posizionamento (m)	posicionamento (m)	[pozisjona'mẽtu]
posizionare (vt)	posicionar (vt)	[pozisjo'nar]
prezzo (m)	preço (m)	['presu]
politica (f) dei prezzi	política (f) de preços	[po'litʃika de 'presus]
determinazione (f) dei prezzi	formação (f) de preços	[forma'sãw de 'presus]

77. Pubblicità

pubblicità (f)	publicidade (f)	[publisi'dadʒi]
pubblicizzare (vt)	fazer publicidade	[fa'zer publisi'dadʒi]
bilancio (m) (budget)	orçamento (m)	[orsa'mẽtu]
annuncio (m)	anúncio (m)	[a'nũsju]
pubblicità (f) televisiva	publicidade (f) televisiva	[publisi'dadʒi televi'ziva]
pubblicità (f) radiofonica	publicidade (f) na rádio	[publisi'dadʒi na 'hadʒju]
pubblicità (f) esterna	publicidade (f) exterior	[publisi'dadʒi iste'rjor]
mass media (m pl)	comunicação (f) de massa	[komunika'sãw de 'masa]
periodico (m)	periódico (m)	[pe'rjɔdʒiku]
immagine (f)	imagem (f)	[i'maʒẽ]
slogan (m)	slogan (m)	[iz'lɔgã]
motto (m)	mote (m), lema (f)	['mɔtʃi], ['lɛma]
campagna (f)	campanha (f)	[kã'paɲa]
campagna (f) pubblicitaria	campanha (f) publicitária	[kã'paɲa publisi'tarja]
gruppo (m) di riferimento	grupo (m) alvo	['grupu 'awvu]
biglietto (m) da visita	cartão (m) de visita	[kar'tãw de vi'zita]
volantino (m)	panfleto (m)	[pã'fletu]
opuscolo (m)	brochura (f)	[bro'ʃura]
pieghevole (m)	folheto (m)	[fo'ʎetu]
bollettino (m)	boletim (m)	[bole'tʃĩ]
insegna (f) (di negozi, ecc.)	letreiro (m)	[le'trejru]
cartellone (m)	pôster (m)	['poster]
tabellone (m) pubblicitario	painel (m) publicitário	[paj'nɛw publisi'tarju]

78. Attività bancaria

banca (f)	banco (m)	['bãku]
filiale (f)	balcão (f)	[baw'kãw]
consulente (m)	consultor (m) bancário	[kõsuw'tor bã'karju]
direttore (m)	gerente (m)	[ʒe'rẽtʃi]
conto (m) bancario	conta (f)	['kõta]
numero (m) del conto	número (m) da conta	['numeru da 'kõta]
conto (m) corrente	conta (f) corrente	['kõta ko'hẽtʃi]
conto (m) di risparmio	conta (f) poupança	['kõta po'pãsa]
aprire un conto	abrir uma conta	[a'brir 'uma 'kõta]
chiudere il conto	fechar uma conta	[fe'ʃar 'uma 'kõta]
versare sul conto	depositar na conta	[depozi'tar na 'kõta]
prelevare dal conto	sacar (vt)	[sa'kar]
deposito (m)	depósito (m)	[de'pozitu]
depositare (vt)	fazer um depósito	[fa'zer ũ de'pozitu]
trasferimento (m) telegrafico	transferência (f) bancária	[trãsfe'rẽsja bã'karja]

rimettere i soldi	transferir (vt)	[trãsfe'rir]
somma (f)	soma (f)	['sɔma]
Quanto?	Quanto?	['kwãtu]

| firma (f) | assinatura (f) | [asina'tura] |
| firmare (vt) | assinar (vt) | [asi'nar] |

carta (f) di credito	cartão (m) de crédito	[kar'tãw de 'krɛdʒitu]
codice (m)	senha (f)	['sɛɲa]
numero (m) della carta di credito	número (m) do cartão de crédito	['numeru du kar'tãw de 'krɛdʒitu]
bancomat (m)	caixa (m) eletrônico	['kaɪʃa ele'troniku]

assegno (m)	cheque (m)	['ʃɛki]
emettere un assegno	passar um cheque	[pa'sar ũ 'ʃɛki]
libretto (m) di assegni	talão (m) de cheques	[ta'lãw de 'ʃɛkis]

prestito (m)	empréstimo (m)	[ẽ'prɛstʃimu]
fare domanda per un prestito	pedir um empréstimo	[pe'dʒir ũ ẽ'prɛstʃimu]
ottenere un prestito	obter empréstimo	[ob'ter ẽ'prɛstʃimu]
concedere un prestito	dar um empréstimo	[dar ũ ẽ'prɛstʃimu]
garanzia (f)	garantia (f)	[garã'tʃia]

79. Telefono. Conversazione telefonica

telefono (m)	telefone (m)	[tele'fɔni]
telefonino (m)	celular (m)	[selu'lar]
segreteria (f) telefonica	secretária (f) eletrônica	[sekre'tarja ele'tronika]

| telefonare (vi, vt) | fazer uma chamada | [fa'zer 'uma ʃa'mada] |
| chiamata (f) | chamada (f) | [ʃa'mada] |

comporre un numero	discar um número	[dʒis'kar ũ 'numeru]
Pronto!	Alô!	[a'lo]
chiedere (domandare)	perguntar (vt)	[pergũ'tar]
rispondere (vi, vt)	responder (vt)	[ɦespõ'der]

udire (vt)	ouvir (vt)	[o'vir]
bene	bem	[bẽj]
male	mal	[maw]
disturbi (m pl)	ruído (m)	['ɦwidu]

cornetta (f)	fone (m)	['fɔni]
alzare la cornetta	pegar o telefone	[pe'gar u tele'fɔni]
riattaccare la cornetta	desligar (vi)	[dʒizli'gar]

occupato (agg)	ocupado	[oku'padu]
squillare (del telefono)	tocar (vi)	[to'kar]
elenco (m) telefonico	lista (f) telefônica	['lista tele'fonika]
locale (agg)	local	[lo'kaw]
telefonata (f) urbana	chamada (f) local	[ʃa'mada lo'kaw]
interurbano (agg)	de longa distância	['de 'lõgu dʒis'tãsja]
telefonata (f) interurbana	chamada (f) de longa distância	[ʃa'mada de 'lõgu dʒis'tãsja]

| internazionale (agg) | internacional | [ĩternasjo'naw] |
| telefonata (f) internazionale | chamada (f) internacional | [ʃa'mada ĩternasjo'naw] |

80. Telefono cellulare

telefonino (m)	celular (m)	[selu'lar]
schermo (m)	tela (f)	['tɛla]
tasto (m)	botão (m)	[bo'tãw]
scheda SIM (f)	cartão SIM (m)	[kar'tãw sim]

pila (f)	bateria (f)	[bate'ria]
essere scarico	descarregar-se (vr)	[dʒiskahe'garsi]
caricabatteria (m)	carregador (m)	[kahega'dor]

menù (m)	menu (m)	[me'nu]
impostazioni (f pl)	configurações (f pl)	[kõfigura'sõjs]
melodia (f)	melodia (f)	[melo'dʒia]
scegliere (vt)	escolher (vt)	[isko'ʎer]

| calcolatrice (f) | calculadora (f) | [kawkula'dora] |
| segreteria (f) telefonica | correio (m) de voz | [ko'heju de vɔz] |

| sveglia (f) | despertador (m) | [dʒisperta'dor] |
| contatti (m pl) | contatos (m pl) | [kõ'tatus] |

| messaggio (m) SMS | mensagem (f) de texto | [mẽ'saʒẽ de 'testu] |
| abbonato (m) | assinante (m) | [asi'nãtʃi] |

81. Articoli di cancelleria

| penna (f) a sfera | caneta (f) | [ka'neta] |
| penna (f) stilografica | caneta (f) tinteiro | [ka'neta tʃĩ'tejru] |

matita (f)	lápis (m)	['lapis]
evidenziatore (m)	marcador (m) de texto	[marka'dor de 'testu]
pennarello (m)	caneta (f) hidrográfica	[ka'neta idro'grafika]

| taccuino (m) | bloco (m) de notas | ['blɔku de 'nɔtas] |
| agenda (f) | agenda (f) | [a'ʒẽda] |

righello (m)	régua (f)	['hɛgwa]
calcolatrice (f)	calculadora (f)	[kawkula'dora]
gomma (f) per cancellare	borracha (f)	[bo'haʃa]

| puntina (f) | alfinete (m) | [awfi'netʃi] |
| graffetta (f) | clipe (m) | ['klipi] |

| colla (f) | cola (f) | ['kɔla] |
| pinzatrice (f) | grampeador (m) | [grãpja'dor] |

| perforatrice (f) | furador (m) de papel | [fura'dor de pa'pɛw] |
| temperamatite (m) | apontador (m) | [apõta'dor] |

82. Generi di attività commerciali

servizi (m pl) di contabilità	serviços (m pl) de contabilidade	[ser'visus de kõtabili'daʤi]
pubblicità (f)	publicidade (f)	[publisi'daʤi]
agenzia (f) pubblicitaria	agência (f) de publicidade	[a'ʒẽsja de publisi'daʤi]
condizionatori (m pl) d'aria	ar (m) condicionado	[ar kõʤisjo'nadu]
compagnia (f) aerea	companhia (f) aérea	[kõpa'ɲia a'erja]
bevande (f pl) alcoliche	bebidas (f pl) alcoólicas	[be'bidas aw'kɔlikas]
antiquariato (m)	comércio (m) de antiguidades	[ko'mɛrsju de ãtʃigwi'daʤi]
galleria (f) d'arte	galeria (f) de arte	[gale'ria de 'artʃi]
società (f) di revisione contabile	serviços (m pl) de auditoria	[ser'visus de awʤito'ria]
imprese (f pl) bancarie	negócios (m pl) bancários	[ne'gɔsjus bã'karjus]
bar (m)	bar (m)	[bar]
salone (m) di bellezza	salão (m) de beleza	[sa'lãw de be'leza]
libreria (f)	livraria (f)	[livra'ria]
birreria (f)	cervejaria (f)	[serveʒa'ria]
business centre (m)	centro (m) de escritórios	['sẽtru de iskri'tɔrjus]
scuola (f) di commercio	escola (f) de negócios	[is'kɔla de ne'gɔsjus]
casinò (m)	cassino (m)	[ka'sinu]
edilizia (f)	construção (f)	[kõstru'sãw]
consulenza (f)	consultoria (f)	[kõsuwto'ria]
odontoiatria (f)	clínica (f) dentária	['klinika dẽ'tarja]
design (m)	design (m)	[ʤi'zãjn]
farmacia (f)	drogaria (f)	[droga'ria]
lavanderia (f) a secco	lavanderia (f)	[lavãde'ria]
agenzia (f) di collocamento	agência (f) de emprego	[a'ʒẽsja de ẽ'pregu]
servizi (m pl) finanziari	serviços (m pl) financeiros	[ser'visus finã'sejrus]
industria (f) alimentare	alimentos (m pl)	[ali'mẽtus]
agenzia (f) di pompe funebri	casa (f) funerária	['kaza fune'raria]
mobili (m pl)	mobiliário (m)	[mobi'ljarju]
abbigliamento (m)	roupa (f)	['hopa]
albergo, hotel (m)	hotel (m)	[o'tɛw]
gelato (m)	sorvete (m)	[sor'vetʃi]
industria (f)	indústria (f)	[ĩ'dustrja]
assicurazione (f)	seguro (m)	[se'guru]
internet (f)	internet (f)	[ĩter'nɛtʃi]
investimenti (m pl)	investimento (m)	[ĩvestʃi'mẽtu]
gioielliere (m)	joalheiro (m)	[ʒoa'ʎejru]
gioielli (m pl)	joias (f pl)	['ʒɔjas]
lavanderia (f)	lavanderia (f)	[lavãde'ria]
consulente (m) legale	assessorias (f pl) jurídicas	[aseso'rias ʒu'riʤikas]
industria (f) leggera	indústria (f) ligeira	[ĩ'dustrja li'ʒejra]
rivista (f)	revista (f)	[he'vista]
vendite (f pl) per corrispondenza	vendas (f pl) por catálogo	['vẽdas por ka'talogu]

medicina (f)	medicina (f)	[medʒi'sina]
cinema (m)	cinema (m)	[si'nɛma]
museo (m)	museu (m)	[mu'zew]
agenzia (f) di stampa	agência (f) de notícias	[a'ʒẽsja de no'tʃisjas]
giornale (m)	jornal (m)	[ʒor'naw]
locale notturno (m)	boate (f)	['bwatʃi]
petrolio (m)	petróleo (m)	[pe'trɔlju]
corriere (m) espresso	serviços (m pl) de remessa	[ser'visus de he'mɛsa]
farmaci (m pl)	indústria (f) farmacêutica	[ĩ'dustrja farma'sewtʃiku]
stampa (f) (~ di libri)	tipografia (f)	[tʃipogra'fia]
casa (f) editrice	editora (f)	[edʒi'tora]
radio (f)	rádio (m)	['hadʒju]
beni (m pl) immobili	imobiliário (m)	[imobi'ljarju]
ristorante (m)	restaurante (m)	[hestaw'rãtʃi]
agenzia (f) di sicurezza	empresa (f) de segurança	[ẽ'preza de segu'rãsa]
sport (m)	esporte (m)	[is'pɔrtʃi]
borsa (f)	bolsa (f) de valores	['bowsa de va'lores]
negozio (m)	loja (f)	['lɔʒa]
supermercato (m)	supermercado (m)	[supermer'kadu]
piscina (f)	piscina (f)	[pi'sina]
sartoria (f)	alfaiataria (f)	[awfajata'ria]
televisione (f)	televisão (f)	[televi'zãw]
teatro (m)	teatro (m)	['tʃjatru]
commercio (m)	comércio (m)	[ko'mɛrsju]
mezzi (m pl) di trasporto	serviços (m pl) de transporte	[ser'visus de trãs'pɔrtʃi]
viaggio (m)	viagens (f pl)	['vjaʒẽs]
veterinario (m)	veterinário (m)	[veteri'narju]
deposito, magazzino (m)	armazém (m)	[arma'zẽj]
trattamento (m) dei rifiuti	recolha (f) do lixo	[he'koʎa du 'liʃu]

Lavoro. Affari. Parte 2

83. Spettacolo. Mostra

fiera (f)	feira, exposição (f)	['fejra], [ispozi'sãw]
fiera (f) campionaria	feira (f) comercial	['fejra komer'sjaw]
partecipazione (f)	participação (f)	[partʃisipa'sãw]
partecipare (vi)	participar (vi)	[partʃisi'par]
partecipante (m)	participante (m)	[partʃisi'pãtʃi]
direttore (m)	diretor (m)	[dʒire'tor]
ufficio (m) organizzativo	direção (f)	[dʒire'sãw]
organizzatore (m)	organizador (m)	[organiza'dor]
organizzare (vt)	organizar (vt)	[organi'zar]
domanda (f) di partecipazione	ficha (f) de inscrição	['fiʃa de ĩskri'sãw]
riempire (vt)	preencher (vt)	[preẽ'ʃer]
dettagli (m pl)	detalhes (m pl)	[de'taʎis]
informazione (f)	informação (f)	[ĩforma'sãw]
prezzo (m)	preço (m)	['presu]
incluso (agg)	incluindo	[ĩklw'ĩdu]
includere (vt)	incluir (vt)	[ĩ'klwir]
pagare (vi, vt)	pagar (vt)	[pa'gar]
quota (f) d'iscrizione	taxa (f) de inscrição	['taʃa de ĩskri'sãw]
entrata (f)	entrada (f)	[ẽ'trada]
padiglione (m)	pavilhão (m), salão (f)	[pavi'ʎãw], [sa'lãw]
registrare (vt)	inscrever (vt)	[ĩskre'ver]
tesserino (m)	crachá (m)	[kra'ʃa]
stand (m)	stand (m)	[stɛnd]
prenotare (riservare)	reservar (vt)	[hezer'var]
vetrina (f)	vitrine (f)	[vi'trini]
faretto (m)	lâmpada (f)	['lãpada]
design (m)	design (m)	[dʒi'zãjn]
collocare (vt)	pôr, colocar (vt)	[por], [kolo'kar]
distributore (m)	distribuidor (m)	[dʒistribwi'dor]
fornitore (m)	fornecedor (m)	[fornese'dor]
fornire (vt)	fornecer (vt)	[forne'ser]
paese (m)	país (m)	[pa'jis]
straniero (agg)	estrangeiro	[istrã'ʒejru]
prodotto (m)	produto (m)	[pru'dutu]
associazione (f)	associação (f)	[asosja'sãw]
sala (f) conferenze	sala (f) de conferência	['sala de kõfe'rẽsja]

| congresso (m) | congresso (m) | [kõ'grɛsu] |
| concorso (m) | concurso (m) | [kõ'kursu] |

visitatore (m)	visitante (m)	[vizi'tãtʃi]
visitare (vt)	visitar (vt)	[vizi'tar]
cliente (m)	cliente (m)	['kljẽtʃi]

84. Scienza. Ricerca. Scienziati

scienza (f)	ciência (f)	['sjẽsja]
scientifico (agg)	científico	[sjẽ'tʃifiku]
scienziato (m)	cientista (m)	[sjẽ'tʃista]
teoria (f)	teoria (f)	[teo'ria]

assioma (m)	axioma (m)	[a'sjɔma]
analisi (f)	análise (f)	[a'nalizi]
analizzare (vt)	analisar (vt)	[anali'zar]
argomento (m)	argumento (m)	[argu'mẽtu]
sostanza, materia (f)	substância (f)	[sub'stãsja]

ipotesi (f)	hipótese (f)	[i'pɔtezi]
dilemma (m)	dilema (m)	[dʒi'lɛma]
tesi (f)	tese (f)	['tɛzi]
dogma (m)	dogma (m)	['dɔgma]

dottrina (f)	doutrina (f)	[do'trina]
ricerca (f)	pesquisa (f)	[pes'kiza]
fare ricerche	pesquisar (vt)	[peski'zar]
prova (f)	testes (m pl)	['tɛstʃis]
laboratorio (m)	laboratório (m)	[labora'tɔrju]

metodo (m)	método (m)	['mɛtodu]
molecola (f)	molécula (f)	[mo'lɛkula]
monitoraggio (m)	monitoramento (m)	[monitora'mẽtu]
scoperta (f)	descoberta (f)	[dʒisko'bɛrta]

postulato (m)	postulado (m)	[postu'ladu]
principio (m)	princípio (m)	[prĩ'sipju]
previsione (f)	prognóstico (m)	[prog'nɔstʃiku]
fare previsioni	prognosticar (vt)	[prognostʃi'kar]

sintesi (f)	síntese (f)	['sĩtezi]
tendenza (f)	tendência (f)	[tẽ'dẽsja]
teorema (m)	teorema (m)	[teo'rɛma]

insegnamento (m)	ensinamentos (m pl)	[ẽsina'mẽtus]
fatto (m)	fato (m)	['fatu]
spedizione (f)	expedição (f)	[ispedʒi'sãw]
esperimento (m)	experiência (f)	[ispe'rjẽsja]

accademico (m)	acadêmico (m)	[aka'demiku]
laureato (m)	bacharel (m)	[baʃa'rɛw]
dottore (m)	doutor (m)	[do'tor]
professore (m) associato	professor (m) associado	[profe'sor aso'sjadu]

Master (m)	**mestrado** (m)	[mes'trado]
professore (m)	**professor** (m)	[profe'sor]

Professioni e occupazioni

85. Ricerca di un lavoro. Licenziamento

lavoro (m)	trabalho (m)	[tra'baʎu]
organico (m)	equipe (f)	[e'kipi]
personale (m)	pessoal (m)	[pe'swaw]
carriera (f)	carreira (f)	[ka'hejra]
prospettiva (f)	perspectivas (f pl)	[perspek'tʃivas]
abilità (f pl)	habilidades (f pl)	[abili'dadʒis]
selezione (f) (~ del personale)	seleção (f)	[sele'sãw]
agenzia (f) di collocamento	agência (f) de emprego	[a'ʒẽsja de ẽ'pregu]
curriculum vitae (f)	currículo (m)	[ku'hikulu]
colloquio (m)	entrevista (f) de emprego	[ẽtre'vista de ẽ'pregu]
posto (m) vacante	vaga (f)	['vaga]
salario (m)	salário (m)	[sa'larju]
stipendio (m) fisso	salário (m) fixo	[sa'larju 'fiksu]
compenso (m)	pagamento (m)	[paga'mẽtu]
carica (f), funzione (f)	cargo (m)	['kargu]
mansione (f)	dever (m)	[de'ver]
mansioni (f pl) di lavoro	gama (f) de deveres	['gama de de'veris]
occupato (agg)	ocupado	[oku'padu]
licenziare (vt)	despedir, demitir (vt)	[dʒispe'dʒir], [demi'tʃir]
licenziamento (m)	demissão (f)	[demi'sãw]
disoccupazione (f)	desemprego (m)	[dʒizẽ'pregu]
disoccupato (m)	desempregado (m)	[dʒizẽpre'gadu]
pensionamento (m)	aposentadoria (f)	[apozẽtado'ria]
andare in pensione	aposentar-se (vr)	[apozẽ'tarsi]

86. Gente d'affari

direttore (m)	diretor (m)	[dʒire'tor]
dirigente (m)	gerente (m)	[ʒe'rẽtʃi]
capo (m)	patrão, chefe (m)	[pa'trãw], ['ʃɛfi]
superiore (m)	superior (m)	[supe'rjor]
capi (m pl)	superiores (m pl)	[supe'rjores]
presidente (m)	presidente (m)	[prezi'dẽtʃi]
presidente (m) (impresa)	chairman, presidente (m)	['tʃɛamen], [prezi'dẽtʃi]
vice (m)	substituto (m)	[substi'tutu]
assistente (m)	assistente (m)	[asis'tẽtʃi]

segretario (m)	secretário (m)	[sekre'tarju]
assistente (m) personale	secretário (m) pessoal	[sekre'tarju pe'swaw]
uomo (m) d'affari	homem (m) de negócios	['ɔmẽ de ne'gɔsjus]
imprenditore (m)	empreendedor (m)	[ẽprjẽde'dor]
fondatore (m)	fundador (m)	[fũda'dor]
fondare (vt)	fundar (vt)	[fũ'dar]
socio (m)	principiador (m)	[prĩsipja'dor]
partner (m)	parceiro, sócio (m)	[par'sejru], ['sɔsju]
azionista (m)	acionista (m)	[asjo'nista]
milionario (m)	milionário (m)	[miljo'narju]
miliardario (m)	bilionário (m)	[biljo'narju]
proprietario (m)	proprietário (m)	[proprje'tarju]
latifondista (m)	proprietário (m) de terras	[proprje'tarju de 'tɛhas]
cliente (m) (di professionista)	cliente (m)	['kljẽtʃi]
cliente (m) abituale	cliente (m) habitual	['kljẽtʃi abi'twaw]
compratore (m)	comprador (m)	[kõpra'dor]
visitatore (m)	visitante (m)	[vizi'tãtʃi]
professionista (m)	profissional (m)	[profisjo'naw]
esperto (m)	perito (m)	[pe'ritu]
specialista (m)	especialista (m)	[ispesja'lista]
banchiere (m)	banqueiro (m)	[bã'kejru]
broker (m)	corretor (m)	[kohe'tor]
cassiere (m)	caixa (m, f)	['kaɪʃa]
contabile (m)	contador (m)	[kõta'dɔr]
guardia (f) giurata	guarda (m)	['gwarda]
investitore (m)	investidor (m)	[ĩvestʃi'dor]
debitore (m)	devedor (m)	[deve'dor]
creditore (m)	credor (m)	[kre'dor]
mutuatario (m)	mutuário (m)	[mu'twarju]
importatore (m)	importador (m)	[ĩporta'dor]
esportatore (m)	exportador (m)	[isporta'dor]
produttore (m)	produtor (m)	[produ'tor]
distributore (m)	distribuidor (m)	[dʒistribwi'dor]
intermediario (m)	intermediário (m)	[ĩterme'dʒjarju]
consulente (m)	consultor (m)	[kõsuw'tor]
rappresentante (m)	representante (m) comercial	[heprezẽ'tãtʃi komer'sjaw]
agente (m)	agente (m)	[a'ʒẽtʃi]
assicuratore (m)	agente (m) de seguros	[a'ʒẽtʃi de se'gurus]

87. Professioni amministrative

cuoco (m)	cozinheiro (m)	[kozi'ɲejru]
capocuoco (m)	chefe (m) de cozinha	['ʃɛfi de ko'ziɲa]

fornaio (m)	padeiro (m)	[pa'dejru]
barista (m)	barman (m)	[bar'mã]
cameriere (m)	garçom (m)	[gar'sõ]
cameriera (f)	garçonete (f)	[garso'netʃi]

avvocato (m)	advogado (m)	[adʒivo'gadu]
esperto (m) legale	jurista (m)	[ʒu'rista]
notaio (m)	notário (m)	[no'tarju]

elettricista (m)	eletricista (m)	[eletri'sista]
idraulico (m)	encanador (m)	[ẽkana'dor]
falegname (m)	carpinteiro (m)	[karpĩ'tejru]

massaggiatore (m)	massagista (m)	[masa'ʒista]
massaggiatrice (f)	massagista (f)	[masa'ʒista]
medico (m)	médico (m)	['mɛdʒiku]

taxista (m)	taxista (m)	[tak'sista]
autista (m)	condutor, motorista (m)	[kõdu'tor], [moto'rista]
fattorino (m)	entregador (m)	[ẽtrega'dor]

cameriera (f)	camareira (f)	[kama'rejra]
guardia (f) giurata	guarda (m)	['gwarda]
hostess (f)	aeromoça (f)	[aero'mosa]

insegnante (m, f)	professor (m)	[profe'sor]
bibliotecario (m)	bibliotecário (m)	[bibljote'karju]
traduttore (m)	tradutor (m)	[tradu'tor]
interprete (m)	intérprete (m)	[ĩ'tɛrpretʃi]
guida (f)	guia (m)	['gia]

parrucchiere (m)	cabeleireiro (m)	[kabelej'rejru]
postino (m)	carteiro (m)	[kar'tejru]
commesso (m)	vendedor (m)	[vẽde'dor]

giardiniere (m)	jardineiro (m)	[ʒardʒi'nejru]
domestico (m)	criado (m)	['krjadu]
domestica (f)	criada (f)	['krjada]
donna (f) delle pulizie	empregada (f) de limpeza	[ẽpre'gada de lĩ'peza]

88. Professioni militari e gradi

soldato (m) semplice	soldado (m) raso	[sow'dadu 'hazu]
sergente (m)	sargento (m)	[sar'ʒẽtu]
tenente (m)	tenente (m)	[te'nẽtʃi]
capitano (m)	capitão (m)	[kapi'tãw]

maggiore (m)	major (m)	[ma'ʒɔr]
colonnello (m)	coronel (m)	[koro'nɛw]
generale (m)	general (m)	[ʒene'raw]
maresciallo (m)	marechal (m)	[mare'ʃaw]
ammiraglio (m)	almirante (m)	[awmi'rãtʃi]
militare (m)	militar (m)	[mili'tar]
soldato (m)	soldado (m)	[sow'dadu]

ufficiale (m)	oficial (m)	[ofi'sjaw]
comandante (m)	comandante (m)	[komã'dãtʃi]

guardia (f) di frontiera	guarda (m) de fronteira	['gwarda de frõ'tejra]
marconista (m)	operador (m) de rádio	[opera'dor de 'hadʒju]
esploratore (m)	explorador (m)	[isplora'dor]
geniere (m)	sapador-mineiro (m)	[sapa'dor-mi'nejru]
tiratore (m)	atirador (m)	[atʃira'dor]
navigatore (m)	navegador (m)	[navega'dor]

89. Funzionari. Sacerdoti

re (m)	rei (m)	[hej]
regina (f)	rainha (f)	[ha'iɲa]

principe (m)	príncipe (m)	['prĩsipi]
principessa (f)	princesa (f)	[prĩ'seza]

zar (m)	czar (m)	['kzar]
zarina (f)	czarina (f)	[kza'rina]

presidente (m)	presidente (m)	[prezi'dẽtʃi]
ministro (m)	ministro (m)	[mi'nistru]
primo ministro (m)	primeiro-ministro (m)	[pri'mejru mi'nistru]
senatore (m)	senador (m)	[sena'dor]

diplomatico (m)	diplomata (m)	[dʒiplo'mata]
console (m)	cônsul (m)	['kõsuw]
ambasciatore (m)	embaixador (m)	[ẽbajʃa'dor]
consigliere (m)	conselheiro (m)	[kõse'ʎejru]

funzionario (m)	funcionário (m)	[fũsjo'narju]
prefetto (m)	prefeito (m)	[pre'fejtu]
sindaco (m)	Presidente (m) da Câmara	[prezi'dẽtʃi da 'kamara]

giudice (m)	juiz (m)	[ʒwiz]
procuratore (m)	procurador (m)	[prokura'dor]

missionario (m)	missionário (m)	[misjo'narju]
monaco (m)	monge (m)	['mõʒi]
abate (m)	abade (m)	[a'badʒi]
rabbino (m)	rabino (m)	[ha'binu]

visir (m)	vizir (m)	[vi'zir]
scià (m)	xá (m)	[ʃa]
sceicco (m)	xeique (m)	['ʃɛjki]

90. Professioni agricole

apicoltore (m)	abelheiro (m)	[abi'ʎejru]
pastore (m)	pastor (m)	[pas'tor]
agronomo (m)	agrônomo (m)	[a'gronomu]

allevatore (m) di bestiame	criador (m) de gado	[krja'dor de 'gadu]
veterinario (m)	veterinário (m)	[veteri'narju]

fattore (m)	agricultor, fazendeiro (m)	[agrikuw'tor], [fazē'dejru]
vinificatore (m)	vinicultor (m)	[vinikuw'tor]
zoologo (m)	zoólogo (m)	[zo'ɔlogu]
cowboy (m)	vaqueiro (m)	[va'kejru]

91. Professioni artistiche

attore (m)	ator (m)	[a'tor]
attrice (f)	atriz (f)	[a'triz]

cantante (m)	cantor (m)	[kã'tor]
cantante (f)	cantora (f)	[kã'tora]

danzatore (m)	bailarino (m)	[bajla'rinu]
ballerina (f)	bailarina (f)	[bajla'rina]

artista (m)	artista (m)	[ar'tʃista]
artista (f)	artista (f)	[ar'tʃista]

musicista (m)	músico (m)	['muziku]
pianista (m)	pianista (m)	[pja'nista]
chitarrista (m)	guitarrista (m)	[gita'hista]

direttore (m) d'orchestra	maestro (m)	[ma'ɛstru]
compositore (m)	compositor (m)	[kõpozi'tor]
impresario (m)	empresário (m)	[ẽpre'zarju]

regista (m)	diretor (m) de cinema	[dʒire'tor de si'nɛma]
produttore (m)	produtor (m)	[produ'tor]
sceneggiatore (m)	roteirista (m)	[hotej'rista]
critico (m)	crítico (m)	['kritʃiku]

scrittore (m)	escritor (m)	[iskri'tor]
poeta (m)	poeta (m)	['pwɛta]
scultore (m)	escultor (m)	[iskuw'tor]
pittore (m)	pintor (m)	[pĩ'tor]

giocoliere (m)	malabarista (m)	[malaba'rista]
pagliaccio (m)	palhaço (m)	[pa'ʎasu]
acrobata (m)	acrobata (m)	[akro'bata]
prestigiatore (m)	ilusionista (m)	[iluzjo'nista]

92. Professioni varie

medico (m)	médico (m)	['mɛdʒiku]
infermiera (f)	enfermeira (f)	[ẽfer'mejra]
psichiatra (m)	psiquiatra (m)	[psi'kjatra]
dentista (m)	dentista (m)	[dẽ'tʃista]
chirurgo (m)	cirurgião (m)	[sirur'ʒjãw]

astronauta (m)	astronauta (m)	[astro'nawta]
astronomo (m)	astrônomo (m)	[as'tronomu]
pilota (m)	piloto (m)	[pi'lotu]

autista (m)	motorista (m)	[moto'rista]
macchinista (m)	maquinista (m)	[maki'nista]
meccanico (m)	mecânico (m)	[me'kaniku]

minatore (m)	mineiro (m)	[mi'nejru]
operaio (m)	operário (m)	[ope'rarju]
operaio (m) metallurgico	serralheiro (m)	[seha'ʎejru]
falegname (m)	marceneiro (m)	[marse'nejru]
tornitore (m)	torneiro (m)	[tor'nejru]
operaio (m) edile	construtor (m)	[kõstru'tor]
saldatore (m)	soldador (m)	[sɔwda'dor]

professore (m)	professor (m)	[profe'sor]
architetto (m)	arquiteto (m)	[arki'tɛtu]
storico (m)	historiador (m)	[istorja'dor]
scienziato (m)	cientista (m)	[sjë'tʃista]
fisico (m)	físico (m)	['fiziku]
chimico (m)	químico (m)	['kimiku]

archeologo (m)	arqueólogo (m)	[ar'kjɔlogu]
geologo (m)	geólogo (m)	[ʒe'ɔlogu]
ricercatore (m)	pesquisador (m)	[peskiza'dor]

baby-sitter (m, f)	babysitter, babá (f)	[bebi'sitter], [ba'ba]
insegnante (m, f)	professor (m)	[profe'sor]

redattore (m)	redator (m)	[heda'tor]
redattore capo (m)	redator-chefe (m)	[heda'tor 'ʃɛfi]
corrispondente (m)	correspondente (m)	[kohespõ'dẽtʃi]
dattilografa (f)	datilógrafa (f)	[datʃi'lɔgrafa]

designer (m)	designer (m)	[dʒi'zajner]
esperto (m) informatico	perito (m) em informática	[pe'ritu ẽ ĩfur'matika]
programmatore (m)	programador (m)	[programa'dor]
ingegnere (m)	engenheiro (m)	[ẽʒe'ɲejru]

marittimo (m)	marujo (m)	[ma'ruʒu]
marinaio (m)	marinheiro (m)	[mari'ɲejru]
soccorritore (m)	socorrista (m)	[soko'hista]

pompiere (m)	bombeiro (m)	[bõ'bejru]
poliziotto (m)	polícia (m)	[po'lisja]
guardiano (m)	guarda-noturno (m)	['gwarda no'turnu]
detective (m)	detetive (m)	[dete'tʃivi]

doganiere (m)	funcionário (m) da alfândega	[fũsjo'narju da aw'fãdʒiga]
guardia (f) del corpo	guarda-costas (m)	['gwarda 'kɔstas]
guardia (f) carceraria	guarda (m) prisional	['gwarda prizjo'naw]
ispettore (m)	inspetor (m)	[ĩspe'tor]

sportivo (m)	esportista (m)	[ispor'tʃista]
allenatore (m)	treinador (m)	[trejna'dor]

macellaio (m)	açougueiro (m)	[aso'gejru]
calzolaio (m)	sapateiro (m)	[sapa'tejru]
uomo (m) d'affari	comerciante (m)	[komer'sjãtʃi]
caricatore (m)	carregador (m)	[kahega'dor]

stilista (m)	estilista (m)	[istʃi'lista]
modella (f)	modelo (f)	[mo'delu]

93. Attività lavorative. Condizione sociale

scolaro (m)	estudante (m)	[istu'dãtʃi]
studente (m)	estudante (m)	[istu'dãtʃi]

filosofo (m)	filósofo (m)	[fi'lɔzofu]
economista (m)	economista (m)	[ekono'mista]
inventore (m)	inventor (m)	[ĩvẽ'tor]

disoccupato (m)	desempregado (m)	[dʒizẽpre'gadu]
pensionato (m)	aposentado (m)	[apozẽ'tadu]
spia (f)	espião (m)	[is'pjãw]

detenuto (m)	preso, prisioneiro (m)	['prezu], [prizjo'nejru]
scioperante (m)	grevista (m)	[gre'vista]
burocrate (m)	burocrata (m)	[buro'krata]
viaggiatore (m)	viajante (m)	[vja'ʒãtʃi]

omosessuale (m)	homossexual (m)	[omosek'swaw]
hacker (m)	hacker (m)	['haker]
hippy (m, f)	hippie (m, f)	['hɪpɪ]

bandito (m)	bandido (m)	[bã'dʒidu]
sicario (m)	assassino (m)	[asa'sinu]
drogato (m)	drogado (m)	[dro'gadu]
trafficante (m) di droga	traficante (m)	[trafi'kãtʃi]
prostituta (f)	prostituta (f)	[prostʃi'tuta]
magnaccia (m)	cafetão (m)	[kafe'tãw]

stregone (m)	bruxo (m)	['bruʃu]
strega (f)	bruxa (f)	['bruʃa]
pirata (m)	pirata (m)	[pi'rata]
schiavo (m)	escravo (m)	[is'kravu]
samurai (m)	samurai (m)	[samu'raj]
selvaggio (m)	selvagem (m)	[sew'vaʒẽ]

Istruzione

94. Scuola

scuola (f)	escola (f)	[is'kɔla]
direttore (m) di scuola	diretor (m) de escola	[dʒire'tor de is'kɔla]
allievo (m)	aluno (m)	[a'lunu]
allieva (f)	aluna (f)	[a'luna]
scolaro (m)	estudante (m)	[istu'dãtʃi]
scolara (f)	estudante (f)	[istu'dãtʃi]
insegnare (qn)	ensinar (vt)	[ẽsi'nar]
imparare (una lingua)	aprender (vt)	[aprẽ'der]
imparare a memoria	decorar (vt)	[deko'rar]
studiare (vi)	estudar (vi)	[istu'dar]
frequentare la scuola	estar na escola	[is'tar na is'kɔla]
andare a scuola	ir à escola	[ir a is'kɔla]
alfabeto (m)	alfabeto (m)	[awfa'bɛtu]
materia (f)	disciplina (f)	[dʒisi'plina]
classe (f)	sala (f) de aula	['sala de 'awla]
lezione (f)	lição, aula (f)	[li'sãw], ['awla]
ricreazione (f)	recreio (m)	[he'kreju]
campanella (f)	toque (m)	['tɔki]
banco (m)	classe (f)	['klasi]
lavagna (f)	quadro (m) negro	['kwadru 'negru]
voto (m)	nota (f)	['nɔta]
voto (m) alto	boa nota (f)	['boa 'nɔta]
voto (m) basso	nota (f) baixa	['nɔta 'baɪʃa]
dare un voto	dar uma nota	[dar 'uma 'nɔta]
errore (m)	erro (m)	['ehu]
fare errori	errar (vi)	[e'har]
correggere (vt)	corrigir (vt)	[kohi'ʒir]
bigliettino (m)	cola (f)	['kɔla]
compiti (m pl)	dever (m) de casa	[de'ver de 'kaza]
esercizio (m)	exercício (m)	[ezer'sisju]
essere presente	estar presente	[is'tar pre'zẽtʃi]
essere assente	estar ausente	[is'tar aw'zẽtʃi]
mancare le lezioni	faltar às aulas	[faw'tar as 'awlas]
punire (vt)	punir (vt)	[pu'nir]
punizione (f)	punição (f)	[puni'sãw]
comportamento (m)	comportamento (m)	[kõporta'mẽtu]

pagella (f)	**boletim** (m) **escolar**	[bole'tʃi isko'lar]
matita (f)	**lápis** (m)	['lapis]
gomma (f) per cancellare	**borracha** (f)	[bo'haʃa]
gesso (m)	**giz** (m)	[ʒiz]
astuccio (m) portamatite	**porta-lápis** (m)	['pɔrta-'lapis]

cartella (f)	**mala, pasta, mochila** (f)	['mala], ['pasta], [mo'ʃila]
penna (f)	**caneta** (f)	[ka'neta]
quaderno (m)	**caderno** (m)	[ka'dɛrnu]
manuale (m)	**livro** (m) **didático**	['livru dʒi'datʃiku]
compasso (m)	**compasso** (m)	[kõ'pasu]

disegnare (tracciare)	**traçar** (vt)	[tra'sar]
disegno (m) tecnico	**desenho** (m) **técnico**	[de'zɛɲu 'tɛkniku]

poesia (f)	**poesia** (f)	[poe'zia]
a memoria	**de cor**	[de kɔr]
imparare a memoria	**decorar** (vt)	[deko'rar]

vacanze (f pl) scolastiche	**férias** (f pl)	['fɛrjas]
essere in vacanza	**estar de férias**	[is'tar de 'fɛrjas]
passare le vacanze	**passar as férias**	[pa'sar as 'fɛrjas]

prova (f) scritta	**teste** (m)**, prova** (f)	['tɛstʃi], ['prɔva]
composizione (f)	**redação** (f)	[heda'sãw]
dettato (m)	**ditado** (m)	[dʒi'tadu]
esame (m)	**exame** (m)**, prova** (f)	[e'zami], ['prɔva]
sostenere un esame	**fazer prova**	[fa'zer 'prɔva]
esperimento (m)	**experiência** (f)	[ispe'rjẽsja]

95. Istituto superiore. Università

accademia (f)	**academia** (f)	[akade'mia]
università (f)	**universidade** (f)	[universi'dadʒi]
facoltà (f)	**faculdade** (f)	[fakuw'dadʒi]

studente (m)	**estudante** (m)	[istu'dãtʃi]
studentessa (f)	**estudante** (f)	[istu'dãtʃi]
docente (m, f)	**professor** (m)	[profe'sor]

aula (f)	**auditório** (m)	[awdʒi'tɔrju]
diplomato (m)	**graduado** (m)	[gra'dwadu]

diploma (m)	**diploma** (m)	[dʒip'lɔma]
tesi (f)	**tese** (f)	['tɛzi]

ricerca (f)	**estudo** (m)	[is'tudu]
laboratorio (m)	**laboratório** (m)	[labora'tɔrju]

lezione (f)	**palestra** (f)	[pa'lɛstra]
compagno (m) di corso	**colega** (m) **de curso**	[ko'lɛga de 'kursu]

borsa (f) di studio	**bolsa** (f) **de estudos**	['bowsa de is'tudus]
titolo (m) accademico	**grau** (m) **acadêmico**	['graw aka'demiku]

96. Scienze. Discipline

matematica (f)	matemática (f)	[mate'matʃika]
algebra (f)	álgebra (f)	['awʒebra]
geometria (f)	geometria (f)	[ʒeome'tria]
astronomia (f)	astronomia (f)	[astrono'mia]
biologia (f)	biologia (f)	[bjolo'ʒia]
geografia (f)	geografia (f)	[ʒeogra'fia]
geologia (f)	geologia (f)	[ʒeolo'ʒia]
storia (f)	história (f)	[is'tɔrja]
medicina (f)	medicina (f)	[medʒi'sina]
pedagogia (f)	pedagogia (f)	[pedago'ʒia]
diritto (m)	direito (m)	[dʒi'rejtu]
fisica (f)	física (f)	['fizika]
chimica (f)	química (f)	['kimika]
filosofia (f)	filosofia (f)	[filozo'fia]
psicologia (f)	psicologia (f)	[psikolo'ʒia]

97. Sistema di scrittura. Ortografia

grammatica (f)	gramática (f)	[gra'matʃika]
lessico (m)	vocabulário (m)	[vokabu'larju]
fonetica (f)	fonética (f)	[fo'nɛtʃika]
sostantivo (m)	substantivo (m)	[substã'tʃivu]
aggettivo (m)	adjetivo (m)	[adʒe'tʃivu]
verbo (m)	verbo (m)	['vɛrbu]
avverbio (m)	advérbio (m)	[adʒi'vɛrbju]
pronome (m)	pronome (m)	[pro'nɔmi]
interiezione (f)	interjeição (f)	[ĩterʒej'sãw]
preposizione (f)	preposição (f)	[prepozi'sãw]
radice (f)	raiz (f)	[ha'iz]
desinenza (f)	terminação (f)	[termina'sãw]
prefisso (m)	prefixo (m)	[pre'fiksu]
sillaba (f)	sílaba (f)	['silaba]
suffisso (m)	sufixo (m)	[su'fiksu]
accento (m)	acento (m)	[a'sẽtu]
apostrofo (m)	apóstrofo (m)	[a'pɔstrofu]
punto (m)	ponto (m)	['põtu]
virgola (f)	vírgula (f)	['virgula]
punto (m) e virgola	ponto e vírgula (m)	['põtu e 'virgula]
due punti	dois pontos (m pl)	['dojs 'põtus]
puntini di sospensione	reticências (f pl)	[hetʃi'sẽsjas]
punto (m) interrogativo	ponto (m) de interrogação	['põtu de ĩtehoga'sãw]
punto (m) esclamativo	ponto (m) de exclamação	['põtu de isklama'sãw]

virgolette (f pl)	aspas (f pl)	['aspas]
tra virgolette	entre aspas	[ẽtri 'aspas]
parentesi (f pl)	parênteses (m pl)	[pa'rẽtezis]
tra parentesi	entre parênteses	[ẽtri pa'rẽtezis]

trattino (m)	hífen (m)	['ifẽ]
lineetta (f)	travessão (m)	[trave'sãw]
spazio (m) (tra due parole)	espaço (m)	[is'pasu]

lettera (f)	letra (f)	['letra]
lettera (f) maiuscola	letra (f) maiúscula	['letra ma'juskula]

vocale (f)	vogal (f)	[vo'gaw]
consonante (f)	consoante (f)	[kõso'ãtʃi]

proposizione (f)	frase (f)	['frazi]
soggetto (m)	sujeito (m)	[su'ʒejtu]
predicato (m)	predicado (m)	[predʒi'kadu]

riga (f)	linha (f)	['liɲa]
a capo	em uma nova linha	[ẽ 'uma 'nɔva 'liɲa]
capoverso (m)	parágrafo (m)	[pa'ragrafu]

parola (f)	palavra (f)	[pa'lavra]
gruppo (m) di parole	grupo (m) de palavras	['grupu de pa'lavras]
espressione (f)	expressão (f)	[ispre'sãw]
sinonimo (m)	sinônimo (m)	[si'nonimu]
antonimo (m)	antônimo (m)	[ã'tonimu]

regola (f)	regra (f)	['hɛgra]
eccezione (f)	exceção (f)	[ese'sãw]
giusto (corretto)	correto	[ko'hɛtu]

coniugazione (f)	conjugação (f)	[kõʒuga'sãw]
declinazione (f)	declinação (f)	[deklina'sãw]
caso (m) nominativo	caso (m)	['kazu]
domanda (f)	pergunta (f)	[per'gũta]
sottolineare (vt)	sublinhar (vt)	[subli'ɲar]
linea (f) tratteggiata	linha (f) pontilhada	['liɲa põtʃi'ʎada]

98. Lingue straniere

lingua (f)	língua (f)	['lĩgwa]
straniero (agg)	estrangeiro	[istrã'ʒejru]
lingua (f) straniera	língua (f) estrangeira	['lĩgwa istrã'ʒejra]
studiare (vt)	estudar (vt)	[istu'dar]
imparare (una lingua)	aprender (vt)	[aprẽ'der]

leggere (vi, vt)	ler (vt)	[ler]
parlare (vi, vt)	falar (vi)	[fa'lar]
capire (vt)	entender (vt)	[ẽtẽ'der]
scrivere (vi, vt)	escrever (vt)	[iskre'ver]
rapidamente	rapidamente	[hapida'mẽtʃi]
lentamente	lentamente	[lẽta'mẽtʃi]

correntemente	**fluentemente**	[fluẽte'mẽtʃi]
regole (f pl)	**regras** (f pl)	['hɛgras]
grammatica (f)	**gramática** (f)	[gra'matʃika]
lessico (m)	**vocabulário** (m)	[vokabu'larju]
fonetica (f)	**fonética** (f)	[fo'nɛtʃika]
manuale (m)	**livro** (m) **didático**	['livru dʒi'datʃiku]
dizionario (m)	**dicionário** (m)	[dʒisjo'narju]
manuale (m) autodidattico	**manual** (m) **autodidático**	[ma'nwaw awtɔdʒi'datʃiku]
frasario (m)	**guia** (m) **de conversação**	['gia de kõversa'sãw]
cassetta (f)	**fita** (f) **cassete**	['fita ka'sɛtʃi]
videocassetta (f)	**videoteipe** (m)	[vidʒju'tejpi]
CD (m)	**CD, disco** (m) **compacto**	['sede], ['dʒisku kõ'paktu]
DVD (m)	**DVD** (m)	[deve'de]
alfabeto (m)	**alfabeto** (m)	[awfa'bɛtu]
compitare (vt)	**soletrar** (vt)	[sole'trar]
pronuncia (f)	**pronúncia** (f)	[pro'nũsja]
accento (m)	**sotaque** (m)	[so'taki]
con un accento	**com sotaque**	[kõ so'taki]
senza accento	**sem sotaque**	[sẽ so'taki]
vocabolo (m)	**palavra** (f)	[pa'lavra]
significato (m)	**sentido** (m)	[sẽ'tʃidu]
corso (m) (~ di francese)	**curso** (m)	['kursu]
iscriversi (vr)	**inscrever-se** (vr)	[ĩskre'verse]
insegnante (m, f)	**professor** (m)	[profe'sor]
traduzione (f) (fare una ~)	**tradução** (f)	[tradu'sãw]
traduzione (f) (un testo)	**tradução** (f)	[tradu'sãw]
traduttore (m)	**tradutor** (m)	[tradu'tor]
interprete (m)	**intérprete** (m)	[ĩ'tɛrpretʃi]
poliglotta (m)	**poliglota** (m)	[pɔli'glɔta]
memoria (f)	**memória** (f)	[me'mɔrja]

Ristorante. Intrattenimento. Viaggi

99. Escursione. Viaggio

turismo (m)	**turismo** (m)	[tu'rizmu]
turista (m)	**turista** (m)	[tu'rista]
viaggio (m) (all'estero)	**viagem** (f)	['vjaʒẽ]
avventura (f)	**aventura** (f)	[avẽ'tura]
viaggio (m) (corto)	**viagem** (f)	['vjaʒẽ]
vacanza (f)	**férias** (f pl)	['fɛrjas]
essere in vacanza	**estar de férias**	[is'tar de 'fɛrjas]
riposo (m)	**descanso** (m)	[dʒis'kãsu]
treno (m)	**trem** (m)	[trẽj]
in treno	**de trem**	[de trẽj]
aereo (m)	**avião** (m)	[a'vjãw]
in aereo	**de avião**	[de a'vjãw]
in macchina	**de carro**	[de 'kaho]
in nave	**de navio**	[de na'viu]
bagaglio (m)	**bagagem** (f)	[ba'gaʒẽ]
valigia (f)	**mala** (f)	['mala]
carrello (m)	**carrinho** (m)	[ka'hiɲu]
passaporto (m)	**passaporte** (m)	[pasa'pɔrtʃi]
visto (m)	**visto** (m)	['vistu]
biglietto (m)	**passagem** (f)	[pa'saʒẽ]
biglietto (m) aereo	**passagem** (f) **aérea**	[pa'saʒẽ a'erja]
guida (f)	**guia** (m) **de viagem**	['gia de vi'aʒẽ]
carta (f) geografica	**mapa** (m)	['mapa]
località (f)	**área** (f)	['arja]
luogo (m)	**lugar** (m)	[lu'gar]
ogetti (m pl) esotici	**exotismo** (m)	[ezo'tʃizmu]
esotico (agg)	**exótico**	[e'zɔtʃiku]
sorprendente (agg)	**surpreendente**	[surprjẽ'dẽtʃi]
gruppo (m)	**grupo** (m)	['grupu]
escursione (f)	**excursão** (f)	[iskur'sãw]
guida (f) (cicerone)	**guia** (m)	['gia]

100. Hotel

albergo (m)	**hotel** (m)	[o'tɛw]
motel (m)	**motel** (m)	[mo'tɛw]
tre stelle	**três estrelas**	['tres is'trelas]

| cinque stelle | cinco estrelas | ['sĩku is'trelas] |
| alloggiare (vi) | ficar (vi, vt) | [fi'kar] |

camera (f)	quarto (m)	['kwartu]
camera (f) singola	quarto (m) individual	['kwartu ĩdʒivi'dwaw]
camera (f) doppia	quarto (m) duplo	['kwartu 'duplu]
prenotare una camera	reservar um quarto	[hezer'var ũ 'kwartu]

| mezza pensione (f) | meia pensão (f) | ['meja pẽ'sãw] |
| pensione (f) completa | pensão (f) completa | [pẽ'sãw kõ'plɛta] |

con bagno	com banheira	[kõ ba'ɲejra]
con doccia	com chuveiro	[kõ ʃu'vejru]
televisione (f) satellitare	televisão (m) por satélite	[televi'zãw por sa'tɛlitʃi]
condizionatore (m)	ar (m) condicionado	[ar kõdʒisjo'nadu]
asciugamano (m)	toalha (f)	[to'aʎa]
chiave (f)	chave (f)	['ʃavi]

amministratore (m)	administrador (m)	[adʒiministra'dor]
cameriera (f)	camareira (f)	[kama'rejra]
portabagagli (m)	bagageiro (m)	[baga'ʒejru]
portiere (m)	porteiro (m)	[por'tejru]

ristorante (m)	restaurante (m)	[hestaw'rãtʃi]
bar (m)	bar (m)	[bar]
colazione (f)	café (m) da manhã	[ka'fɛ da ma'ɲã]
cena (f)	jantar (m)	[ʒã'tar]
buffet (m)	bufê (m)	[bu'fe]

| hall (f) (atrio d'ingresso) | saguão (m) | [sa'gwãw] |
| ascensore (m) | elevador (m) | [eleva'dor] |

| NON DISTURBARE | NÃO PERTURBE | ['nãw per'turbi] |
| VIETATO FUMARE! | PROIBIDO FUMAR! | [proi'bidu fu'mar] |

ATTREZZATURA TECNICA. MEZZI DI TRASPORTO

Attrezzatura tecnica

101. Computer

Italiano	Portoghese	Pronuncia
computer (m)	computador (m)	[kõputa'dor]
computer (m) portatile	computador (m) portátil	[kõputa'dɔr por'tatʃiw]
accendere (vt)	ligar (vt)	[li'gar]
spegnere (vt)	desligar (vt)	[dʒizli'gar]
tastiera (f)	teclado (m)	[tɛk'ladu]
tasto (m)	tecla (f)	['tɛkla]
mouse (m)	mouse (m)	['mawz]
tappetino (m) del mouse	tapete (m) para mouse	[ta'petʃi 'para 'mawz]
tasto (m)	botão (m)	[bo'tãw]
cursore (m)	cursor (m)	[kur'sor]
monitor (m)	monitor (m)	[moni'tor]
schermo (m)	tela (f)	['tɛla]
disco (m) rigido	disco (m) rígido	['dʒisku 'hiʒidu]
spazio (m) sul disco rigido	capacidade (f) do disco rígido	[kapasi'dadʒi du 'dʒisku 'hiʒidu]
memoria (f)	memória (f)	[me'mɔrja]
memoria (f) operativa	memória RAM (f)	[me'mɔrja ram]
file (m)	arquivo (m)	[ar'kivu]
cartella (f)	pasta (f)	['pasta]
aprire (vt)	abrir (vt)	[a'brir]
chiudere (vt)	fechar (vt)	[fe'ʃar]
salvare (vt)	salvar (vt)	[saw'var]
eliminare (vt)	deletar (vt)	[dele'tar]
copiare (vt)	copiar (vt)	[ko'pjar]
ordinare (vt)	ordenar (vt)	[orde'nar]
trasferire (vt)	copiar (vt)	[ko'pjar]
programma (m)	programa (m)	[pro'grama]
software (m)	software (m)	[sof'twer]
programmatore (m)	programador (m)	[programa'dor]
programmare (vt)	programar (vt)	[progra'mar]
hacker (m)	hacker (m)	['haker]
password (f)	senha (f)	['sɛɲa]
virus (m)	vírus (m)	['virus]
trovare (un virus, ecc.)	detectar (vt)	[detek'tar]

byte (m)	byte (m)	['bajtʃi]
megabyte (m)	megabyte (m)	[mega'bajtʃi]

dati (m pl)	dados (m pl)	['dadus]
database (m)	base (f) de dados	['bazi de 'dadus]

cavo (m)	cabo (m)	['kabu]
sconnettere (vt)	desconectar (vt)	[dezkonek'tar]
collegare (vt)	conectar (vt)	[konek'tar]

102. Internet. Posta elettronica

internet (f)	internet (f)	[ĩter'nɛtʃi]
navigatore (m)	browser (m)	['brawzer]
motore (m) di ricerca	motor (m) de busca	[mo'tor de 'buska]
provider (m)	provedor (m)	[prove'dor]

webmaster (m)	webmaster (m)	[web'master]
sito web (m)	website (m)	[websajt]
pagina web (f)	página web (f)	['paʒina webi]

indirizzo (m)	endereço (m)	[ẽde'resu]
rubrica (f) indirizzi	livro (m) de endereços	['livru de ẽde'resus]

casella (f) di posta	caixa (f) de correio	['kaɪʃa de ko'heju]
posta (f)	correio (m)	[ko'heju]
troppo piena (agg)	cheia	['ʃeja]

messaggio (m)	mensagem (f)	[mẽ'saʒẽ]
messaggi (m pl) in arrivo	mensagens (f pl) recebidas	[mẽ'saʒẽs hese'bidas]
messaggi (m pl) in uscita	mensagens (f pl) enviadas	[mẽ'saʒẽs ẽ'vjadas]
mittente (m)	remetente (m)	[heme'tẽtʃi]
inviare (vt)	enviar (vt)	[ẽ'vjar]
invio (m)	envio (m)	[ẽ'viu]

destinatario (m)	destinatário (m)	[destʃina'tarju]
ricevere (vt)	receber (vt)	[hese'ber]

corrispondenza (f)	correspondência (f)	[kohespõ'dẽsja]
essere in corrispondenza	corresponder-se (vr)	[kohespõ'dersi]

file (m)	arquivo (m)	[ar'kivu]
scaricare (vt)	fazer o download, baixar (vt)	[fa'zer u dawn'load], [baj'ʃar]
creare (vt)	criar (vt)	[krjar]
eliminare (vt)	deletar (vt)	[dele'tar]
eliminato (agg)	deletado	[dele'tadu]

connessione (f)	conexão (f)	[konek'sãw]
velocità (f)	velocidade (f)	[velosi'dadʒi]
modem (m)	modem (m)	['modẽ]
accesso (m)	acesso (m)	[a'sɛsu]
porta (f)	porta (f)	['porta]
collegamento (m)	conexão (f)	[konek'sãw]
collegarsi a ...	conectar (vi)	[konek'tar]

| scegliere (vt) | escolher (vt) | [isko'ʎer] |
| cercare (vt) | buscar (vt) | [bus'kar] |

103. Elettricità

elettricità (f)	eletricidade (f)	[eletrisi'daʤi]
elettrico (agg)	elétrico	[e'lɛtriku]
centrale (f) elettrica	planta (f) elétrica	['plãta e'lɛtrika]
energia (f)	energia (f)	[ener'ʒia]
energia (f) elettrica	energia (f) elétrica	[ener'ʒia e'lɛtrika]

lampadina (f)	lâmpada (f)	['lãpada]
torcia (f) elettrica	lanterna (f)	[lã'tɛrna]
lampione (m)	poste (m) de iluminação	['pɔstʃi de ilumina'sãw]

luce (f)	luz (f)	[luz]
accendere (luce)	ligar (vt)	[li'gar]
spegnere (vt)	desligar (vt)	[dʒizli'gar]
spegnere la luce	apagar a luz	[apa'gar a luz]

fulminarsi (vr)	queimar (vi)	[kej'mar]
corto circuito (m)	curto-circuito (m)	['kurtu sir'kwitu]
rottura (f) (~ di un cavo)	ruptura (f)	[hup'tura]
contatto (m)	contato (m)	[kõ'tatu]

interruttore (m)	interruptor (m)	[ĩtehup'tor]
presa (f) elettrica	tomada (f)	[to'mada]
spina (f)	plugue (m)	['plugi]
prolunga (f)	extensão (f)	[istẽ'sãw]

fusibile (m)	fusível (m)	[fu'zivew]
filo (m)	fio, cabo (m)	['fiu], ['kabu]
impianto (m) elettrico	instalação (f) elétrica	[ĩstala'sãw e'lɛtrika]

ampere (m)	ampère (m)	[ã'pɛri]
intensità di corrente	amperagem (f)	[ãpe'raʒẽ]
volt (m)	volt (m)	['vowtʃi]
tensione (f)	voltagem (f)	[vow'taʒẽ]

| apparecchio (m) elettrico | aparelho (m) elétrico | [apa'reʎu e'lɛtriku] |
| indicatore (m) | indicador (m) | [ĩdʒika'dor] |

elettricista (m)	eletricista (m)	[eletri'sista]
saldare (vt)	soldar (vt)	[sow'dar]
saldatoio (m)	soldador (m)	[sɔwda'dor]
corrente (f)	corrente (f) elétrica	[ko'hẽtʃi e'lɛtrika]

104. Utensili

utensile (m)	ferramenta (f)	[feha'mẽta]
utensili (m pl)	ferramentas (f pl)	[feha'mẽtas]
impianto (m)	equipamento (m)	[ekipa'mẽtu]

martello (m)	martelo (m)	[mar'tɛlu]
giravite (m)	chave (f) de fenda	['ʃavi de 'fẽda]
ascia (f)	machado (m)	[ma'ʃadu]

sega (f)	serra (f)	['sɛha]
segare (vt)	serrar (vt)	[se'har]
pialla (f)	plaina (f)	['plajna]
piallare (vt)	aplainar (vt)	[aplaj'nar]
saldatoio (m)	soldador (m)	[sɔwda'dor]
saldare (vt)	soldar (vt)	[sow'dar]

lima (f)	lima (f)	['lima]
tenaglie (f pl)	tenaz (f)	[te'najz]
pinza (f) a punte piatte	alicate (m)	[ali'katʃi]
scalpello (m)	formão (m)	[for'mãw]

punta (f) da trapano	broca (f)	['brɔka]
trapano (m) elettrico	furadeira (f) elétrica	[fura'dejra e'lɛtrika]
trapanare (vt)	furar (vt)	[fu'rar]

| coltello (m) | faca (f) | ['faka] |
| lama (f) | lâmina (f) | ['lamina] |

affilato (coltello ~)	afiado	[a'fjadu]
smussato (agg)	cego	['sɛgu]
smussarsi (vr)	embotar-se (vr)	[ẽbo'tarsi]
affilare (vt)	afiar, amolar (vt)	[a'fjar], [amo'lar]

bullone (m)	parafuso (m)	[para'fuzu]
dado (m)	porca (f)	['pɔrka]
filettatura (f)	rosca (f)	['hoska]
vite (f)	parafuso (m)	[para'fuzu]

| chiodo (m) | prego (m) | ['prɛgu] |
| testa (f) di chiodo | cabeça (f) do prego | [ka'besa du 'prɛgu] |

regolo (m)	régua (f)	['hɛgwa]
nastro (m) metrico	fita (f) métrica	['fita 'mɛtrika]
livella (f)	nível (m)	['nivew]
lente (f) d'ingradimento	lupa (f)	['lupa]

strumento (m) di misurazione	medidor (m)	[medʒi'dor]
misurare (vt)	medir (vt)	[me'dʒir]
scala (f) graduata	escala (f)	[is'kala]
lettura, indicazione (f)	indicação (f), registro (m)	[indʒika'sãw], [he'ʒistru]

| compressore (m) | compressor (m) | [kõpre'sor] |
| microscopio (m) | microscópio (m) | [mikro'skɔpju] |

pompa (f) (~ dell'acqua)	bomba (f)	['bõba]
robot (m)	robô (m)	[ho'bo]
laser (m)	laser (m)	['lɛjzer]

chiave (f)	chave (f) de boca	['ʃavi de 'boka]
nastro (m) adesivo	fita (f) adesiva	['fita ade'ziva]
colla (f)	cola (f)	['kɔla]

carta (f) smerigliata	lixa (f)	['liʃa]
molla (f)	mola (f)	['mɔla]
magnete (m)	ímã (m)	['imã]
guanti (m pl)	luva (f)	['luva]

corda (f)	corda (f)	['kɔrda]
cordone (m)	corda (f)	['kɔrda]
filo (m) (~ del telefono)	fio (m)	['fiu]
cavo (m)	cabo (m)	['kabu]

mazza (f)	marreta (f)	[ma'hɛta]
palanchino (m)	pé de cabra (m)	[pɛ de 'kabra]
scala (f) a pioli	escada (f) de mão	[is'kada de 'mãw]
scala (m) a libretto	escada (m)	[is'kada]

avvitare (stringere)	enroscar (vt)	[ẽhos'kar]
svitare (vt)	desenroscar (vt)	[dezẽhos'kar]
stringere (vt)	apertar (vt)	[aper'tar]
incollare (vt)	colar (vt)	[ko'lar]
tagliare (vt)	cortar (vt)	[kor'tar]

guasto (m)	falha (f)	['faʎa]
riparazione (f)	conserto (m)	[kõ'sɛrtu]
riparare (vt)	consertar, reparar (vt)	[kõser'tar], [hepa'rar]
regolare (~ uno strumento)	regular, ajustar (vt)	[hegu'lar], [aʒus'tar]

verificare (ispezionare)	verificar (vt)	[verifi'kar]
controllo (m)	verificação (f)	[verifika'sãw]
lettura, indicazione (f)	indicação (f), registro (m)	[indʒika'sãw], [he'ʒistru]

| sicuro (agg) | seguro | [se'guru] |
| complesso (agg) | complicado | [kõpli'kadu] |

arrugginire (vi)	enferrujar (vi)	[ẽfehu'ʒar]
arrugginito (agg)	enferrujado	[ẽfehu'ʒadu]
ruggine (f)	ferrugem (f)	[fe'huʒẽ]

Mezzi di trasporto

105. Aeroplano

aereo (m)	avião (m)	[a'vjãw]
biglietto (m) aereo	passagem (f) aérea	[pa'saʒẽ a'erja]
compagnia (f) aerea	companhia (f) aérea	[kõpa'ɲia a'erja]
aeroporto (m)	aeroporto (m)	[aero'portu]
supersonico (agg)	supersônico	[super'soniku]
comandante (m)	comandante (m) do avião	[komã'dãtʃi du a'vjãw]
equipaggio (m)	tripulação (f)	[tripula'sãw]
pilota (m)	piloto (m)	[pi'lotu]
hostess (f)	aeromoça (f)	[aero'mosa]
navigatore (m)	copiloto (m)	[kopi'lotu]
ali (f pl)	asas (f pl)	['azas]
coda (f)	cauda (f)	['kawda]
cabina (f)	cabine (f)	[ka'bini]
motore (m)	motor (m)	[mo'tor]
carrello (m) d'atterraggio	trem (m) de pouso	[trẽj de 'pozu]
turbina (f)	turbina (f)	[tur'bina]
elica (f)	hélice (f)	['ɛlisi]
scatola (f) nera	caixa-preta (f)	['kaɪʃa 'preta]
barra (f) di comando	coluna (f) de controle	[ko'luna de kõ'troli]
combustibile (m)	combustível (m)	[kõbus'tʃivew]
safety card (f)	instruções (f pl) de segurança	[ĩstru'sõjs de segu'rãsa]
maschera (f) ad ossigeno	máscara (f) de oxigênio	['maskara de oksi'ʒenju]
uniforme (f)	uniforme (f)	[uni'fɔrmi]
giubbotto (m) di salvataggio	colete (m) salva-vidas	[ko'letʃi 'sawva 'vidas]
paracadute (m)	paraquedas (m)	[para'kɛdas]
decollo (m)	decolagem (f)	[deko'laʒẽ]
decollare (vi)	descolar (vi)	[dʒisko'lar]
pista (f) di decollo	pista (f) de decolagem	['pista de deko'laʒẽ]
visibilità (f)	visibilidade (f)	[vizibili'dadʒi]
volo (m)	voo (m)	['vou]
altitudine (f)	altura (f)	[aw'tura]
vuoto (m) d'aria	poço (m) de ar	['posu de 'ar]
posto (m)	assento (m)	[a'sẽtu]
cuffia (f)	fone (m) de ouvido	['foni de o'vidu]
tavolinetto (m) pieghevole	mesa (f) retrátil	['meza he'tratʃiw]
oblò (m), finestrino (m)	janela (f)	[ʒa'nɛla]
corridoio (m)	corredor (m)	[kohe'dor]

106. Treno

treno (m)	trem (m)	[trẽj]
elettrotreno (m)	trem (m) elétrico	[trẽj e'lɛtriku]
treno (m) rapido	trem (m)	[trẽj]
locomotiva (f) diesel	locomotiva (f) diesel	[lokomo'tʃiva 'dʒizew]
locomotiva (f) a vapore	locomotiva (f) a vapor	[lokomo'tʃiva a va'por]
carrozza (f)	vagão (f) de passageiros	[va'gãw de pasa'ʒejrus]
vagone (m) ristorante	vagão-restaurante (m)	[va'gãw-hestaw'rãtʃi]
rotaie (f pl)	carris (m pl)	[ka'his]
ferrovia (f)	estrada (f) de ferro	[is'trada de 'fɛhu]
traversa (f)	travessa (f)	[tra'vɛsa]
banchina (f) (~ ferroviaria)	plataforma (f)	[plata'forma]
binario (m) (~ 1, 2)	linha (f)	['liɲa]
semaforo (m)	semáforo (m)	[se'maforu]
stazione (f)	estação (f)	[ista'sãw]
macchinista (m)	maquinista (m)	[maki'nista]
portabagagli (m)	bagageiro (m)	[baga'ʒejru]
cuccettista (m, f)	hospedeiro, -a (m, f)	[ospe'dejru, -a]
passeggero (m)	passageiro (m)	[pasa'ʒejru]
controllore (m)	revisor (m)	[hevi'zor]
corridoio (m)	corredor (m)	[kohe'dor]
freno (m) di emergenza	freio (m) de emergência	['freju de imer'ʒẽsja]
scompartimento (m)	compartimento (m)	[kõpartʃi'mẽtu]
cuccetta (f)	cama (f)	['kama]
cuccetta (f) superiore	cama (f) de cima	['kama de 'sima]
cuccetta (f) inferiore	cama (f) de baixo	['kama de 'baɪʃu]
biancheria (f) da letto	roupa (f) de cama	['hopa de 'kama]
biglietto (m)	passagem (f)	[pa'saʒẽ]
orario (m)	horário (m)	[o'rarju]
tabellone (m) orari	painel (m) de informação	[paj'nɛw de ĩforma'sãw]
partire (vi)	partir (vt)	[par'tʃir]
partenza (f)	partida (f)	[par'tʃida]
arrivare (di un treno)	chegar (vi)	[ʃe'gar]
arrivo (m)	chegada (f)	[ʃe'gada]
arrivare con il treno	chegar de trem	[ʃe'gar de trẽj]
salire sul treno	pegar o trem	[pe'gar u trẽj]
scendere dal treno	descer de trem	[de'ser de trẽj]
deragliamento (m)	acidente (m) ferroviário	[asi'dẽtʃi fehco'vjarju]
deragliare (vi)	descarrilar (vi)	[dʒiskahi'ʎar]
locomotiva (f) a vapore	locomotiva (f) a vapor	[lokomo'tʃiva a va'por]
fuochista (m)	foguista (m)	[fo'gista]
forno (m)	fornalha (f)	[for'naʎa]
carbone (m)	carvão (m)	[kar'vãw]

107. Nave

nave (f)	navio (m)	[na'viu]
imbarcazione (f)	embarcação (f)	[ēbarka'sãw]
piroscafo (m)	barco (m) a vapor	['barku a va'por]
barca (f) fluviale	barco (m) fluvial	['barku flu'vjaw]
transatlantico (m)	transatlântico (m)	[trãzat'lãtʃiku]
incrociatore (m)	cruzeiro (m)	[kru'zejru]
yacht (m)	iate (m)	['jatʃi]
rimorchiatore (m)	rebocador (m)	[heboka'dor]
chiatta (f)	barcaça (f)	[bar'kasa]
traghetto (m)	ferry (m), balsa (f)	['fɛʀi], ['balsa]
veliero (m)	veleiro (m)	[ve'lejru]
brigantino (m)	bergantim (m)	[behgã'tʃĩ]
rompighiaccio (m)	quebra-gelo (m)	['kɛbra 'ʒelu]
sottomarino (m)	submarino (m)	[subma'rinu]
barca (f)	bote, barco (m)	['botʃi], ['barku]
scialuppa (f)	baleeira (f)	[bale'ejra]
scialuppa (f) di salvataggio	bote (m) salva-vidas	['botʃi 'sawva 'vidas]
motoscafo (m)	lancha (f)	['lãʃa]
capitano (m)	capitão (m)	[kapi'tãw]
marittimo (m)	marinheiro (m)	[mari'ɲejru]
marinaio (m)	marujo (m)	[ma'ruʒu]
equipaggio (m)	tripulação (f)	[tripula'sãw]
nostromo (m)	contramestre (m)	[kõtra'mɛstri]
mozzo (m) di nave	grumete (m)	[gru'mɛtʃi]
cuoco (m)	cozinheiro (m) de bordo	[kozi'ɲejru de 'bɔrdu]
medico (m) di bordo	médico (m) de bordo	['mɛdʒiku de 'bɔrdu]
ponte (m)	convés (m)	[kõ'vɛs]
albero (m)	mastro (m)	['mastru]
vela (f)	vela (f)	['vɛla]
stiva (f)	porão (m)	[po'rãw]
prua (f)	proa (f)	['proa]
poppa (f)	popa (f)	['popa]
remo (m)	remo (m)	['hɛmu]
elica (f)	hélice (f)	['ɛlisi]
cabina (f)	cabine (m)	[ka'bini]
quadrato (m) degli ufficiali	sala (f) dos oficiais	['sala dus ofi'sjajs]
sala (f) macchine	sala (f) das máquinas	['sala das 'makinas]
ponte (m) di comando	ponte (m) de comando	['põtʃi de ko'mãdu]
cabina (f) radiotelegrafica	sala (f) de comunicações	['sala de komunika'sõjs]
onda (f)	onda (f)	['õda]
giornale (m) di bordo	diário (m) de bordo	['dʒjarju de 'bɔrdu]
cannocchiale (m)	luneta (f)	[lu'neta]
campana (f)	sino (m)	['sinu]

bandiera (f)	bandeira (f)	[bă'dejra]
cavo (m) (~ d'ormeggio)	cabo (m)	['kabu]
nodo (m)	nó (m)	[nɔ]

ringhiera (f)	corrimão (m)	[kohi'mãw]
passerella (f)	prancha (f) de embarque	['prăʃa de ě'barki]

ancora (f)	âncora (f)	['ăkora]
levare l'ancora	recolher a âncora	[heko'ʎer a 'ăkora]
gettare l'ancora	jogar a âncora	[ʒo'gar a 'ăkora]
catena (f) dell'ancora	amarra (f)	[a'maha]

porto (m)	porto (m)	['portu]
banchina (f)	cais, amarradouro (m)	[kajs], [amaha'doru]
ormeggiarsi (vr)	atracar (vi)	[atra'kar]
salpare (vi)	desatracar (vi)	[dʒizatra'kar]

viaggio (m)	viagem (f)	['vjaʒě]
crociera (f)	cruzeiro (m)	[kru'zejru]
rotta (f)	rumo (m)	['humu]
itinerario (m)	itinerário (m)	[itʃine'rarju]

tratto (m) navigabile	canal (m) de navegação	[ka'naw de navega'sãw]
secca (f)	banco (m) de areia	['băku de a'reja]
arenarsi (vr)	encalhar (vt)	[ěka'ʎar]

tempesta (f)	tempestade (f)	[těpes'tadʒi]
segnale (m)	sinal (m)	[si'naw]
affondare (andare a fondo)	afundar-se (vr)	[afũ'darse]
Uomo in mare!	Homem ao mar!	['ɔmě aw mah]
SOS	SOS	[ɛseo'ɛsi]
salvagente (m) anulare	boia (f) salva-vidas	['bɔja 'sawva 'vidas]

108. Aeroporto

aeroporto (m)	aeroporto (m)	[aero'portu]
aereo (m)	avião (m)	[a'vjãw]
compagnia (f) aerea	companhia (f) aérea	[kõpa'ɲia a'erja]
controllore (m) di volo	controlador (m) de tráfego aéreo	[kõtrola'dor de 'trafegu a'erju]

partenza (f)	partida (f)	[par'tʃida]
arrivo (m)	chegada (f)	[ʃe'gada]
arrivare (vi)	chegar (vi)	[ʃe'gar]

ora (f) di partenza	hora (f) de partida	['ɔra de par'tʃida]
ora (f) di arrivo	hora (f) de chegada	['ɔra de ʃe'gada]

essere ritardato	estar atrasado	[is'tar atra'zadu]
volo (m) ritardato	atraso (m) de voo	[a'trazu de 'vou]

tabellone (m) orari	painel (m) de informação	[paj'nɛw de ĩforma'sãw]
informazione (f)	informação (f)	[ĩforma'sãw]
annunciare (vt)	anunciar (vt)	[anũ'sjar]

volo (m)	voo (m)	['vou]
dogana (f)	alfândega (f)	[aw'fãdʒiga]
doganiere (m)	funcionário (m) da alfândega	[fũsjo'narju da aw'fãdʒiga]

dichiarazione (f)	declaração (f) alfandegária	[deklara'sãw awfãde'garja]
riempire	preencher (vt)	[preë'ʃer]
(~ una dichiarazione)		
riempire una dichiarazione	preencher a declaração	[preë'ʃer a deklara'sãw]
controllo (m) passaporti	controle (m) de passaporte	[kõ'troli de pasa'portʃi]

bagaglio (m)	bagagem (f)	[ba'gaʒë]
bagaglio (m) a mano	bagagem (f) de mão	[ba'gaʒë de 'mãw]
carrello (m)	carrinho (m)	[ka'hiɲu]

atterraggio (m)	pouso (m)	['pozu]
pista (f) di atterraggio	pista (f) de pouso	['pista de 'pozu]
atterrare (vi)	aterrissar (vi)	[atehi'sar]
scaletta (f) dell'aereo	escada (f) de avião	[is'kada de a'vjãw]

check-in (m)	check-in (m)	[ʃɛ'kin]
banco (m) del check-in	balcão (m) do check-in	[baw'kãw du ʃɛ'kin]
fare il check-in	fazer o check-in	[fa'zer u ʃɛ'kin]
carta (f) d'imbarco	cartão (m) de embarque	[kar'tãw de ë'barki]
porta (f) d'imbarco	portão (m) de embarque	[por'tãw de ë'barki]

transito (m)	trânsito (m)	['trãzitu]
aspettare (vt)	esperar (vt)	[ispe'rar]
sala (f) d'attesa	sala (f) de espera	['sala de is'pɛra]
accompagnare (vt)	despedir-se de ...	[dʒispe'dʒirsi de]
congedarsi (vr)	despedir-se (vr)	[dʒispe'dʒirsi]

Situazioni quotidiane

109. Vacanze. Evento

festa (f)	**festa** (f)	['fɛsta]
festa (f) nazionale	**feriado** (m) **nacional**	[fe'rjadu nasjo'naw]
festività (f) civile	**feriado** (m)	[fe'rjadu]
festeggiare (vt)	**festejar** (vt)	[feste'ʒar]
avvenimento (m)	**evento** (m)	[e'vẽtu]
evento (m) (organizzare un ~)	**evento** (m)	[e'vẽtu]
banchetto (m)	**banquete** (m)	[bã'ketʃi]
ricevimento (m)	**recepção** (f)	[hesep'sãw]
festino (m)	**festim** (m)	[fes'tʃĩ]
anniversario (m)	**aniversário** (m)	[aniver'sarju]
giubileo (m)	**jubileu** (m)	[ʒubi'lew]
festeggiare (vt)	**celebrar** (vt)	[sele'brar]
Capodanno (m)	**Ano** (m) **Novo**	['anu 'novu]
Buon Anno!	**Feliz Ano Novo!**	[fe'liz 'anu 'novu]
Babbo Natale (m)	**Papai Noel** (m)	[pa'paj nɔ'ɛl]
Natale (m)	**Natal** (m)	[na'taw]
Buon Natale!	**Feliz Natal!**	[fe'liz na'taw]
Albero (m) di Natale	**árvore** (f) **de Natal**	['arvori de na'taw]
fuochi (m pl) artificiali	**fogos** (m pl) **de artifício**	['fogus de artʃi'fisju]
nozze (f pl)	**casamento** (m)	[kaza'mẽtu]
sposo (m)	**noivo** (m)	['nojvu]
sposa (f)	**noiva** (f)	['nojva]
invitare (vt)	**convidar** (vt)	[kõvi'dar]
invito (m)	**convite** (m)	[kõ'vitʃi]
ospite (m)	**convidado** (m)	[kõvi'dadu]
andare a trovare	**visitar** (vt)	[vizi'tar]
accogliere gli invitati	**receber os convidados**	[hese'ber us kõvi'dadus]
regalo (m)	**presente** (m)	[pre'zẽtʃi]
offrire (~ un regalo)	**oferecer, dar** (vt)	[ofere'ser], [dar]
ricevere i regali	**receber presentes**	[hese'ber pre'zẽtʃis]
mazzo (m) di fiori	**buquê** (m) **de flores**	[bu'ke de 'floris]
auguri (m pl)	**felicitações** (f pl)	[felisita'sõjs]
augurare (vt)	**felicitar** (vt)	[felisi'tar]
cartolina (f)	**cartão** (m) **de parabéns**	[kar'tãw de para'bẽjs]
mandare una cartolina	**enviar um cartão postal**	[ẽ'vjar ũ kart'ãw pos'taw]
ricevere una cartolina	**receber um cartão postal**	[hese'ber ũ kart'ãw pos'taw]

brindisi (m)	**brinde** (m)	['brĩʤi]
offrire (~ qualcosa da bere)	**oferecer** (vt)	[ofere'ser]
champagne (m)	**champanhe** (m)	[ʃã'paɲi]

divertirsi (vr)	**divertir-se** (vr)	[ʤiver'tʃirsi]
allegria (f)	**diversão** (f)	[ʤiver'sãw]
gioia (f)	**alegria** (f)	[ale'gria]

danza (f), ballo (m)	**dança** (f)	['dãsa]
ballare (vi, vt)	**dançar** (vi)	[dã'sar]

valzer (m)	**valsa** (f)	['vawsa]
tango (m)	**tango** (m)	['tãgu]

110. Funerali. Sepoltura

cimitero (m)	**cemitério** (m)	[semi'tɛrju]
tomba (f)	**sepultura** (f), **túmulo** (m)	[sepuw'tura], ['tumulu]
croce (f)	**cruz** (f)	[kruz]
pietra (f) tombale	**lápide** (f)	['lapiʤi]
recinto (m)	**cerca** (f)	['serka]
cappella (f)	**capela** (f)	[ka'pɛla]

morte (f)	**morte** (f)	['mɔrtʃi]
morire (vi)	**morrer** (vi)	[mo'her]
defunto (m)	**defunto** (m)	[de'fũtu]
lutto (m)	**luto** (m)	['lutu]

seppellire (vt)	**enterrar, sepultar** (vt)	[ẽte'har], [sepuw'tar]
sede (f) di pompe funebri	**casa** (f) **funerária**	['kaza fune'raria]
funerale (m)	**funeral** (m)	[fune'raw]

corona (f) di fiori	**coroa** (f) **de flores**	[ko'roa de 'flɔris]
bara (f)	**caixão** (m)	[kaɪ'ʃãw]
carro (m) funebre	**carro** (m) **funerário**	['kaho fune'rarju]
lenzuolo (m) funebre	**mortalha** (f)	[mor'taʎa]

corteo (m) funebre	**procissão** (f) **funerária**	[prosi'sãw fune'rarja]
urna (f) funeraria	**urna** (f) **funerária**	['urna fune'rarja]
crematorio (m)	**crematório** (m)	[krema'tɔrju]

necrologio (m)	**obituário** (m), **necrologia** (f)	[obi'twarju], [nekrolo'ʒia]
piangere (vi)	**chorar** (vi)	[ʃo'rar]
singhiozzare (vi)	**soluçar** (vi)	[solu'sar]

111. Guerra. Soldati

plotone (m)	**pelotão** (m)	[pelo'tãw]
compagnia (f)	**companhia** (f)	[kõpa'ɲia]
reggimento (m)	**regimento** (m)	[heʒi'mẽtu]
esercito (m)	**exército** (m)	[e'zɛrsitu]
divisione (f)	**divisão** (f)	[ʤivi'zãw]

distaccamento (m)	esquadrão (m)	[iskwa'drãw]
armata (f)	hoste (f)	['ɔste]

soldato (m)	soldado (m)	[sow'dadu]
ufficiale (m)	oficial (m)	[ofi'sjaw]

soldato (m) semplice	soldado (m) raso	[sow'dadu 'hazu]
sergente (m)	sargento (m)	[sar'ʒẽtu]
tenente (m)	tenente (m)	[te'nẽtʃi]
capitano (m)	capitão (m)	[kapi'tãw]
maggiore (m)	major (m)	[ma'ʒɔr]
colonnello (m)	coronel (m)	[koro'nɛw]
generale (m)	general (m)	[ʒene'raw]

marinaio (m)	marujo (m)	[ma'ruʒu]
capitano (m)	capitão (m)	[kapi'tãw]
nostromo (m)	contramestre (m)	[kõtra'mɛstri]
artigliere (m)	artilheiro (m)	[artʃi'ʎejru]
paracadutista (m)	soldado (m) paraquedista	[sow'dadu parake'dʒista]
pilota (m)	piloto (m)	[pi'lotu]
navigatore (m)	navegador (m)	[navega'dor]
meccanico (m)	mecânico (m)	[me'kaniku]

geniere (m)	sapador-mineiro (m)	[sapa'dor-mi'nejru]
paracadutista (m)	paraquedista (m)	[parake'dʒista]
esploratore (m)	explorador (m)	[isplora'dor]
cecchino (m)	atirador (m) de tocaia	[atʃira'dor de to'kaja]

pattuglia (f)	patrulha (f)	[pa'truʎa]
pattugliare (vt)	patrulhar (vt)	[patru'ʎar]
sentinella (f)	sentinela (f)	[sẽtʃi'nɛla]
guerriero (m)	guerreiro (m)	[ge'hejru]
patriota (m)	patriota (m)	[pa'trjota]
eroe (m)	herói (m)	[e'rɔj]
eroina (f)	heroína (f)	[ero'ina]

traditore (m)	traidor (m)	[traj'dor]
tradire (vt)	trair (vt)	[tra'ir]

disertore (m)	desertor (m)	[dezer'tor]
disertare (vi)	desertar (vt)	[deser'tar]

mercenario (m)	mercenário (m)	[merse'narju]
recluta (f)	recruta (m)	[he'kruta]
volontario (m)	voluntário (m)	[volũ'tarju]

ucciso (m)	morto (m)	['mortu]
ferito (m)	ferido (m)	[fe'ridu]
prigioniero (m) di guerra	prisioneiro (m) de guerra	[prizjo'nejru de 'gɛha]

112. Guerra. Azioni militari. Parte 1

guerra (f)	guerra (f)	['gɛha]
essere in guerra	guerrear (vt)	[ge'hjar]

guerra (f) civile	**guerra** (f) **civil**	['gɛha si'viw]
perfidamente	**perfidamente**	[perfida'mẽtʃi]
dichiarazione (f) di guerra	**declaração** (f) **de guerra**	[deklara'sãw de 'gɛha]
dichiarare (~ guerra)	**declarar guerra**	[dekla'rar 'gɛha]
aggressione (f)	**agressão** (f)	[agre'sãw]
attaccare (vt)	**atacar** (vt)	[ata'kar]
invadere (vt)	**invadir** (vt)	[ĩva'dʒir]
invasore (m)	**invasor** (m)	[ĩva'zor]
conquistatore (m)	**conquistador** (m)	[kõkista'dor]
difesa (f)	**defesa** (f)	[de'feza]
difendere (~ un paese)	**defender** (vt)	[defẽ'der]
difendersi (vr)	**defender-se** (vr)	[defẽ'dersi]
nemico (m)	**inimigo** (m)	[ini'migu]
avversario (m)	**adversário** (m)	[adʒiver'sarju]
ostile (agg)	**inimigo**	[ini'migu]
strategia (f)	**estratégia** (f)	[istra'tɛʒa]
tattica (f)	**tática** (f)	['tatʃika]
ordine (m)	**ordem** (f)	['ordẽ]
comando (m)	**comando** (m)	[ko'mãdu]
ordinare (vt)	**ordenar** (vt)	[orde'nar]
missione (f)	**missão** (f)	[mi'sãw]
segreto (agg)	**secreto**	[se'krɛtu]
battaglia (f)	**batalha** (f)	[ba'taʎa]
combattimento (m)	**combate** (m)	[kõ'batʃi]
attacco (m)	**ataque** (m)	[a'taki]
assalto (m)	**assalto** (m)	[a'sawtu]
assalire (vt)	**assaltar** (vt)	[asaw'tar]
assedio (m)	**assédio, sítio** (m)	[a'sɛdʒu], ['sitʃju]
offensiva (f)	**ofensiva** (f)	[ɔfẽ'siva]
passare all'offensiva	**tomar à ofensiva**	[to'mar a ofẽ'siva]
ritirata (f)	**retirada** (f)	[hetʃi'rada]
ritirarsi (vr)	**retirar-se** (vr)	[hetʃi'rarse]
accerchiamento (m)	**cerco** (m)	['serku]
accerchiare (vt)	**cercar** (vt)	[ser'kar]
bombardamento (m)	**bombardeio** (m)	[bõbar'deju]
lanciare una bomba	**lançar uma bomba**	[lã'sar 'uma 'bõba]
bombardare (vt)	**bombardear** (vt)	[bõbar'dʒjar]
esplosione (f)	**explosão** (f)	[isplo'zãw]
sparo (m)	**tiro** (m)	['tʃiru]
sparare un colpo	**dar um tiro**	[dar ũ 'tʃiru]
sparatoria (f)	**tiroteio** (m)	[tʃiro'teju]
puntare su ...	**apontar para ...**	[apõ'tar 'para]
puntare (~ una pistola)	**apontar** (vt)	[apõ'tar]

colpire (~ il bersaglio)	acertar (vt)	[aser'tar]
affondare (mandare a fondo)	afundar (vt)	[afũ'dar]
falla (f)	brecha (f)	['brɛʃa]
affondare (andare a fondo)	afundar-se (vr)	[afũ'darse]

fronte (m) (~ di guerra)	frente (m)	['frẽtʃi]
evacuazione (f)	evacuação (f)	[evakwa'sãw]
evacuare (vt)	evacuar (vt)	[eva'kwar]

trincea (f)	trincheira (f)	[trĩ'ʃejra]
filo (m) spinato	arame (m) enfarpado	[a'rami ẽfar'padu]
sbarramento (m)	barreira (f) anti-tanque	[ba'hejra ãtʃi-'tãki]
torretta (f) di osservazione	torre (f) de vigia	['tohi de vi'ʒia]

ospedale (m) militare	hospital (m) militar	[ospi'taw mili'tar]
ferire (vt)	ferir (vt)	[fe'rir]
ferita (f)	ferida (f)	[fe'rida]
ferito (m)	ferido (m)	[fe'ridu]
rimanere ferito	ficar ferido	[fi'kar fe'ridu]
grave (ferita ~)	grave	['gravi]

113. Guerra. Azioni militari. Parte 2

prigionia (f)	cativeiro (m)	[katʃi'vejru]
fare prigioniero	capturar (vt)	[kaptu'rar]
essere prigioniero	estar em cativeiro	[is'tar ẽ katʃi'vejru]
essere fatto prigioniero	ser aprisionado	[ser aprizjo'nadu]

campo (m) di concentramento	campo (m) de concentração	['kãpu de kõsẽtra'sãw]
prigioniero (m) di guerra	prisioneiro (m) de guerra	[prizjo'nejru de 'gɛha]
fuggire (vi)	escapar (vi)	[iska'par]

tradire (vt)	trair (vt)	[tra'ir]
traditore (m)	traidor (m)	[traj'dor]
tradimento (m)	traição (f)	[traj'sãw]

fucilare (vt)	fuzilar, executar (vt)	[fuzi'lar], [ezeku'tar]
fucilazione (f)	fuzilamento (m)	[fuzila'mẽtu]

divisa (f) militare	equipamento (m)	[ekipa'mẽtu]
spallina (f)	insígnia (f) de ombro	[ĩ'signia de 'õbru]
maschera (f) antigas	máscara (f) de gás	['maskara de gajs]

radiotrasmettitore (m)	rádio (m)	['hadʒju]
codice (m)	cifra (f), código (m)	['sifra], ['kɔdʒigu]
complotto (m)	conspiração (f)	[kõspira'sãw]
parola (f) d'ordine	senha (f)	['sɛɲa]

mina (f)	mina (f)	['mina]
minare (~ la strada)	minar (vt)	[mi'nar]
campo (m) minato	campo (m) minado	['kãpu mi'nadu]

allarme (m) aereo	alarme (m) aéreo	[a'larmi a'erju]
allarme (m)	alarme (m)	[a'larmi]

| segnale (m) | sinal (m) | [si'naw] |
| razzo (m) di segnalazione | sinalizador (m) | [sinaliza'dor] |

quartier (m) generale	quartel-general (m)	[kwar'tɛw ʒene'raw]
esplorazione (m)	reconhecimento (m)	[hekoɲesi'mẽtu]
situazione (f)	situação (f)	[sitwa'sãw]
rapporto (m)	relatório (m)	[hela'tɔrju]
agguato (m)	emboscada (f)	[ẽbos'kada]
rinforzo (m)	reforço (m)	[he'forsu]

bersaglio (m)	alvo (m)	['awvu]
terreno (m) di caccia	campo (m) de tiro	['kãpu de 'tʃiru]
manovre (f pl)	manobras (f pl)	[ma'nɔbras]

panico (m)	pânico (m)	['paniku]
devastazione (f)	devastação (f)	[devasta'sãw]
distruzione (m)	ruínas (f pl)	['hwinas]
distruggere (vt)	destruir (vt)	[dʒis'trwir]

sopravvivere (vi, vt)	sobreviver (vi)	[sobrivi'ver]
disarmare (vt)	desarmar (vt)	[dʒizar'mar]
maneggiare (una pistola, ecc.)	manusear (vt)	[manu'zjar]

| Attenti! | Sentido! | [sẽ'tʃidu] |
| Riposo! | Descansar! | [dʒiskã'sar] |

atto (m) eroico	façanha (f)	[fa'saɲa]
giuramento (m)	juramento (m)	[ʒura'mẽtu]
giurare (vi)	jurar (vi)	[ʒu'rar]

decorazione (f)	condecoração (f)	[kõdekora'sãw]
decorare (qn)	condecorar (vt)	[kõdeko'rar]
medaglia (f)	medalha (f)	[me'daʎa]
ordine (m) (~ al Merito)	ordem (f)	['ordẽ]

vittoria (f)	vitória (f)	[vi'tɔrja]
sconfitta (m)	derrota (f)	[de'hɔta]
armistizio (m)	armistício (m)	[armis'tʃisju]

bandiera (f)	bandeira (f)	[bã'dejra]
gloria (f)	glória (f)	['glɔrja]
parata (f)	parada (f)	[pa'rada]
marciare (in parata)	marchar (vi)	[mar'ʃar]

114. Armi

armi (f pl)	arma (f)	['arma]
arma (f) da fuoco	arma (f) de fogo	['arma de 'fogu]
arma (f) bianca	arma (f) branca	['arma 'brãka]

armi (f pl) chimiche	arma (f) química	['arma 'kimika]
nucleare (agg)	nuclear	[nu'kljar]
armi (f pl) nucleari	arma (f) nuclear	['arma nu'kljar]

bomba (f)	bomba (f)	['bõba]
bomba (f) atomica	bomba (f) atômica	['bõba a'tomika]
pistola (f)	pistola (f)	[pis'tɔla]
fucile (m)	rifle (m)	['hifli]
mitra (m)	semi-automática (f)	[semi-awto'matʃika]
mitragliatrice (f)	metralhadora (f)	[metraʎa'dora]
bocca (f)	boca (f)	['boka]
canna (f)	cano (m)	['kanu]
calibro (m)	calibre (m)	[ka'libri]
grilletto (m)	gatilho (m)	[ga'tʃiʎu]
mirino (m)	mira (f)	['mira]
caricatore (m)	carregador (m)	[kahega'dor]
calcio (m)	coronha (f)	[ko'rɔɲa]
bomba (f) a mano	granada (f) de mão	[gra'nada de mãw]
esplosivo (m)	explosivo (m)	[isplo'zivu]
pallottola (f)	bala (f)	['bala]
cartuccia (f)	cartucho (m)	[kar'tuʃu]
carica (f)	carga (f)	['karga]
munizioni (f pl)	munições (f pl)	[muni'sõjs]
bombardiere (m)	bombardeiro (m)	[bõbar'dejru]
aereo (m) da caccia	avião (m) de caça	[a'vjãw de 'kasa]
elicottero (m)	helicóptero (m)	[eli'kɔpteru]
cannone (m) antiaereo	canhão (m) antiaéreo	[ka'ɲãw ãtʃja'ɛrju]
carro (m) armato	tanque (m)	['tãki]
cannone (m)	canhão (m)	[ka'ɲãw]
artiglieria (f)	artilharia (f)	[artʃiʎa'ria]
cannone (m)	canhão (m)	[ka'ɲãw]
mirare a ...	fazer a pontaria	[fa'zer a põta'ria]
proiettile (m)	projétil (m)	[pro'ʒɛtʃiw]
granata (f) da mortaio	granada (f) de morteiro	[gra'nada de mor'tejru]
mortaio (m)	morteiro (m)	[mor'tejru]
scheggia (f)	estilhaço (m)	[istʃi'ʎasu]
sottomarino (m)	submarino (m)	[subma'rinu]
siluro (m)	torpedo (m)	[tor'pedu]
missile (m)	míssil (m)	['misiw]
caricare (~ una pistola)	carregar (vt)	[kahe'gar]
sparare (vi)	disparar, atirar (vi)	[dʒispa'rar], [atʃi'rar]
puntare su ...	apontar para ...	[apõ'tar 'para]
baionetta (f)	baioneta (f)	[bajo'neta]
spada (f)	espada (f)	[is'pada]
sciabola (f)	sabre (m)	['sabri]
lancia (f)	lança (f)	['lãsa]
arco (m)	arco (m)	['arku]
freccia (f)	flecha (f)	['flɛʃa]

| moschetto (m) | mosquete (m) | [mos'ketʃi] |
| balestra (f) | besta (f) | ['besta] |

115. Gli antichi

primitivo (agg)	primitivo	[primi'tʃivu]
preistorico (agg)	pré-histórico	[prɛ-is'tɔriku]
antico (agg)	antigo	[ã'tʃigu]

Età (f) della pietra	Idade (f) da Pedra	[i'dadʒi da 'pɛdra]
Età (f) del bronzo	Idade (f) do Bronze	[i'dadʒi du 'brõzi]
epoca (f) glaciale	Era (f) do Gelo	['ɛra du 'ʒelu]

tribù (f)	tribo (f)	['tribu]
cannibale (m)	canibal (m)	[kani'baw]
cacciatore (m)	caçador (m)	[kasa'dor]
cacciare (vt)	caçar (vi)	[ka'sar]
mammut (m)	mamute (m)	[ma'mutʃi]

caverna (f), grotta (f)	caverna (f)	[ka'vɛrna]
fuoco (m)	fogo (m)	['fogu]
falò (m)	fogueira (f)	[fo'gejra]
pittura (f) rupestre	pintura (f) rupestre	[pĩ'tura hu'pɛstri]

strumento (m) di lavoro	ferramenta (f)	[feha'mẽta]
lancia (f)	lança (f)	['lãsa]
ascia (f) di pietra	machado (m) de pedra	[ma'ʃadu de 'pɛdra]
essere in guerra	guerrear (vt)	[ge'hjar]
addomesticare (vt)	domesticar (vt)	[domestʃi'kar]
idolo (m)	ídolo (m)	['idolu]
idolatrare (vt)	adorar, venerar (vt)	[ado'rar], [vene'rar]
superstizione (f)	superstição (f)	[superstʃi'sãw]
rito (m)	ritual (m)	[hi'twaw]

evoluzione (f)	evolução (f)	[evolu'sãw]
sviluppo (m)	desenvolvimento (m)	[dʒizẽvowvi'mẽtu]
estinzione (f)	extinção (f)	[istʃi'sãw]
adattarsi (vr)	adaptar-se (vr)	[adap'tarse]

archeologia (f)	arqueologia (f)	[arkjolo'ʒia]
archeologo (m)	arqueólogo (m)	[ar'kjɔlogu]
archeologico (agg)	arqueológico	[arkjo'lɔʒiku]

sito (m) archeologico	escavação (f)	[iskava'sãw]
scavi (m pl)	escavações (f pl)	[iskava'sõjs]
reperto (m)	achado (m)	[a'ʃadu]
frammento (m)	fragmento (m)	[frag'mẽtu]

116. Il Medio Evo

| popolo (m) | povo (m) | ['povu] |
| popoli (m pl) | povos (m pl) | ['pɔvus] |

tribù (f)	**tribo** (f)	['tribu]
tribù (f pl)	**tribos** (f pl)	['tribus]

barbari (m pl)	**bárbaros** (pl)	['barbarus]
galli (m pl)	**gauleses** (pl)	[gaw'lezes]
goti (m pl)	**godos** (pl)	['godus]
slavi (m pl)	**eslavos** (pl)	[iʃ'lavus]
vichinghi (m pl)	**viquingues** (pl)	['vikĩgis]

romani (m pl)	**romanos** (pl)	[ho'manus]
romano (agg)	**romano**	[ho'manu]

bizantini (m pl)	**bizantinos** (pl)	[bizã'tʃinus]
Bisanzio (m)	**Bizâncio**	[bi'zãsju]
bizantino (agg)	**bizantino**	[bizã'tʃinu]

imperatore (m)	**imperador** (m)	[ĩpera'dor]
capo (m)	**líder** (m)	['lider]
potente (un re ~)	**poderoso**	[pode'rozu]
re (m)	**rei** (m)	[hej]
governante (m) (sovrano)	**governante** (m)	[gover'nãtʃi]

cavaliere (m)	**cavaleiro** (m)	[kava'lejru]
feudatario (m)	**senhor feudal** (m)	[se'ɲor few'daw]
feudale (agg)	**feudal**	[few'daw]
vassallo (m)	**vassalo** (m)	[va'salu]

duca (m)	**duque** (m)	['duki]
conte (m)	**conde** (m)	['kõdʒi]
barone (m)	**barão** (m)	[ba'rãw]
vescovo (m)	**bispo** (m)	['bispu]

armatura (f)	**armadura** (f)	[arma'dura]
scudo (m)	**escudo** (m)	[is'kudu]
spada (f)	**espada** (f)	[is'pada]
visiera (f)	**viseira** (f)	[vi'zejra]
cotta (f) di maglia	**cota** (f) **de malha**	['kɔta de 'maʎa]

crociata (f)	**cruzada** (f)	[kru'zada]
crociato (m)	**cruzado** (m)	[kru'zadu]

territorio (m)	**território** (m)	[tehi'tɔrju]
attaccare (vt)	**atacar** (vt)	[ata'kar]
conquistare (vt)	**conquistar** (vt)	[kõkis'tar]
occupare (invadere)	**ocupar, invadir** (vt)	[oku'parsi], [ĩva'dʒir]

assedio (m)	**assédio, sítio** (m)	[a'sɛdʒu], ['sitʃju]
assediato (agg)	**sitiado**	[si'tʃjadu]
assediare (vt)	**assediar, sitiar** (vt)	[ase'dʒjar], [si'tʃjar]

inquisizione (f)	**inquisição** (f)	[ĩkizi'sãw]
inquisitore (m)	**inquisidor** (m)	[ĩkizi'dor]
tortura (f)	**tortura** (f)	[tor'tura]
crudele (agg)	**cruel**	[kru'ɛw]
eretico (m)	**herege** (m)	[e'reʒi]
eresia (f)	**heresia** (f)	[ere'zia]

navigazione (f)	navegação (f) marítima	[navega'sãu ma'ritʃima]
pirata (m)	pirata (m)	[pi'rata]
pirateria (f)	pirataria (f)	[pirata'ria]
arrembaggio (m)	abordagem (f)	[abor'daʒẽ]
bottino (m)	presa (f), butim (m)	['preza], [bu'tĩ]
tesori (m)	tesouros (m pl)	[te'zorus]

scoperta (f)	descobrimento (m)	[dʒiskobri'mẽtu]
scoprire (~ nuove terre)	descobrir (vt)	[dʒisko'brir]
spedizione (f)	expedição (f)	[ispedʒi'sãw]

moschettiere (m)	mosqueteiro (m)	[moske'tejru]
cardinale (m)	cardeal (m)	[kar'dʒjaw]
araldica (f)	heráldica (f)	[e'rawdʒika]
araldico (agg)	heráldico	[e'rawdʒiku]

117. Leader. Capo. Le autorità

re (m)	rei (m)	[hej]
regina (f)	rainha (f)	[ha'iɲa]
reale (agg)	real	[he'aw]
regno (m)	reino (m)	['hejnu]

| principe (m) | príncipe (m) | ['prĩsipi] |
| principessa (f) | princesa (f) | [prĩ'seza] |

presidente (m)	presidente (m)	[prezi'dẽtʃi]
vicepresidente (m)	vice-presidente (m)	['visi-prezi'dẽtʃi]
senatore (m)	senador (m)	[sena'dor]

monarca (m)	monarca (m)	[mo'narka]
governante (m) (sovrano)	governante (m)	[gover'nãtʃi]
dittatore (m)	ditador (m)	[dʒita'dor]
tiranno (m)	tirano (m)	[tʃi'ranu]
magnate (m)	magnata (m)	[mag'nata]

direttore (m)	diretor (m)	[dʒire'tor]
capo (m)	chefe (m)	['ʃɛfi]
dirigente (m)	gerente (m)	[ʒe'rẽtʃi]
capo (m)	patrão (m)	[pa'trãw]
proprietario (m)	dono (m)	['donu]

capo (m) (~ delegazione)	chefe (m)	['ʃɛfi]
autorità (f pl)	autoridades (f pl)	[awtori'dadʒis]
superiori (m pl)	superiores (m pl)	[supe'rjores]

governatore (m)	governador (m)	[governa'dor]
console (m)	cônsul (m)	['kõsuw]
diplomatico (m)	diplomata (m)	[dʒiplo'mata]
sindaco (m)	Presidente (m) da Câmara	[prezi'dẽtʃi da 'kamara]
sceriffo (m)	xerife (m)	[ʃe'rifi]

| imperatore (m) | imperador (m) | [ĩpera'dor] |
| zar (m) | czar (m) | ['kzar] |

| faraone (m) | faraó (m) | [fara'ɔ] |
| khan (m) | cã, khan (m) | [kã] |

118. Infrangere la legge. Criminali. Parte 1

bandito (m)	bandido (m)	[bã'dʒidu]
delitto (m)	crime (m)	['krimi]
criminale (m)	criminoso (m)	[krimi'nozu]

ladro (m)	ladrão (m)	[la'drãw]
rubare (vi, vt)	roubar (vt)	[ho'bar]
ruberia (f)	furto (m)	['furtu]
reato (m) di furto	furto (m)	['furtu]

rapire (vt)	raptar, sequestrar (vt)	[hap'tar], [sekwes'trar]
rapimento (m)	sequestro (m)	[se'kwɛstru]
rapitore (m)	sequestrador (m)	[sekwestra'dor]

| riscatto (m) | resgate (m) | [hez'gatʃi] |
| chiedere il riscatto | pedir resgate | [pe'dʒir hez'gatʃi] |

rapinare (vt)	roubar (vt)	[ho'bar]
rapina (f)	assalto, roubo (m)	[a'sawtu], ['hobu]
rapinatore (m)	assaltante (m)	[asaw'tãtʃi]

estorcere (vt)	extorquir (vt)	[istor'kir]
estorsore (m)	extorsionário (m)	[istorsjo'narju]
estorsione (f)	extorsão (f)	[istor'sãw]

uccidere (vt)	matar, assassinar (vt)	[ma'tar], [asasi'nar]
assassinio (m)	homicídio (m)	[omi'sidʒju]
assassino (m)	homicida, assassino (m)	[ɔmi'sida], [asa'sinu]

sparo (m)	tiro (m)	['tʃiru]
tirare un colpo	dar um tiro	[dar ũ 'tʃiru]
abbattere (con armi da fuoco)	matar a tiro	[ma'tar a 'tʃiru]
sparare (vi)	disparar, atirar (vi)	[dʒispa'rar], [atʃi'rar]
sparatoria (f)	tiroteio (m)	[tʃiro'teju]

incidente (m) (rissa, ecc.)	incidente (m)	[ĩsi'dẽtʃi]
rissa (f)	briga (f)	['briga]
Aiuto!	Socorro!	[so'kohu]
vittima (f)	vítima (f)	['vitʃima]

danneggiare (vt)	danificar (vt)	[danifi'kar]
danno (m)	dano (m)	['danu]
cadavere (m)	cadáver (m)	[ka'daver]
grave (reato ~)	grave	['gravi]

aggredire (vt)	atacar (vt)	[ata'kar]
picchiare (vt)	bater (vt)	[ba'ter]
malmenare (picchiare)	espancar (vt)	[ispã'kar]
sottrarre (vt)	tirar (vt)	[tʃi'rar]
accoltellare a morte	esfaquear (vt)	[isfaki'ar]

| mutilare (vt) | mutilar (vt) | [mutʃi'lar] |
| ferire (vt) | ferir (vt) | [fe'rir] |

ricatto (m)	chantagem (f)	[ʃã'taʒë]
ricattare (vt)	chantagear (vt)	[ʃãta'ʒjar]
ricattatore (m)	chantagista (m)	[ʃãta'ʒista]

estorsione (f)	extorsão (f)	[istor'sãw]
estortore (m)	extorsionário (m)	[istorsjo'narju]
gangster (m)	gângster (m)	['gãŋster]
mafia (f)	máfia (f)	['mafja]

borseggiatore (m)	punguista (m)	[pũ'gista]
scassinatore (m)	assaltante, ladrão (m)	[asaw'tãtʃi], [la'drãw]
contrabbando (m)	contrabando (m)	[kõtra'bãdu]
contrabbandiere (m)	contrabandista (m)	[kõtrabã'dʒista]

falsificazione (f)	falsificação (f)	[fawsifika'sãw]
falsificare (vt)	falsificar (vt)	[fawsifi'kar]
falso, falsificato (agg)	falsificado	[fawsifi'kadu]

119. Infrangere la legge. Criminali. Parte 2

stupro (m)	estupro (m)	[is'tupru]
stuprare (vt)	estuprar (vt)	[istu'prar]
stupratore (m)	estuprador (m)	[istupra'dor]
maniaco (m)	maníaco (m)	[ma'niaku]

prostituta (f)	prostituta (f)	[prostʃi'tuta]
prostituzione (f)	prostituição (f)	[prostʃitwi'sãw]
magnaccia (m)	cafetão (m)	[kafe'tãw]

| drogato (m) | drogado (m) | [dro'gadu] |
| trafficante (m) di droga | traficante (m) | [trafi'kãtʃi] |

far esplodere	explodir (vt)	[isplo'dʒir]
esplosione (f)	explosão (f)	[isplo'zãw]
incendiare (vt)	incendiar (vt)	[ĩsẽ'dʒjar]
incendiario (m)	incendiário (m)	[ĩsẽ'dʒjarju]

terrorismo (m)	terrorismo (m)	[teho'rizmu]
terrorista (m)	terrorista (m)	[teho'rista]
ostaggio (m)	refém (m)	[he'fẽ]

imbrogliare (vt)	enganar (vt)	[ẽga'nar]
imbroglio (m)	engano (m)	[ẽ'gãnu]
imbroglione (m)	vigarista (m)	[viga'rista]

corrompere (vt)	subornar (vt)	[subor'nar]
corruzione (f)	suborno (m)	[su'bornu]
bustarella (f)	suborno (m)	[su'bornu]

| veleno (m) | veneno (m) | [ve'nɛnu] |
| avvelenare (vt) | envenenar (vt) | [ẽvene'nar] |

avvelenarsi (vr)	envenenar-se (vr)	[ẽvene'narsi]
suicidio (m)	suicídio (m)	[swi'sidʒju]
suicida (m)	suicida (m)	[swi'sida]

minacciare (vt)	ameaçar (vt)	[amea'sar]
minaccia (f)	ameaça (f)	[ame'asa]
attentare (vi)	atentar contra a vida de ...	[atẽ'tar 'kõtra a 'vida de]
attentato (m)	atentado (m)	[atẽ'tadu]

rubare (~ una macchina)	roubar (vt)	[ho'bar]
dirottare (~ un aereo)	sequestrar (vt)	[sekwes'trar]

vendetta (f)	vingança (f)	[vĩ'gãsa]
vendicare (vt)	vingar (vt)	[vĩ'gar]

torturare (vt)	torturar (vt)	[tortu'rar]
tortura (f)	tortura (f)	[tor'tura]
maltrattare (vt)	atormentar (vt)	[atormẽ'tar]

pirata (m)	pirata (m)	[pi'rata]
teppista (m)	desordeiro (m)	[dʒizor'dejru]
armato (agg)	armado	[ar'madu]
violenza (f)	violência (f)	[vjo'lẽsja]
illegale (agg)	ilegal	[ile'gaw]

spionaggio (m)	espionagem (f)	[ispio'naʒẽ]
spiare (vi)	espionar (vi)	[ispjo'nar]

120. Polizia. Legge. Parte 1

giustizia (f)	justiça (f)	[ʒus'tʃisa]
tribunale (m)	tribunal (m)	[tribu'naw]

giudice (m)	juiz (m)	[ʒwiz]
giurati (m)	jurados (m pl)	[ʒu'radus]
processo (m) con giuria	tribunal (m) do júri	[tribu'naw du 'ʒuri]
giudicare (vt)	julgar (vt)	[ʒuw'gar]

avvocato (m)	advogado (m)	[adʒivo'gadu]
imputato (m)	réu (m)	['hɛw]
banco (m) degli imputati	banco (m) dos réus	['bãku dus hɛws]

accusa (f)	acusação (f)	[akuza'sãw]
accusato (m)	acusado (m)	[aku'zadu]

condanna (f)	sentença (f)	[sẽ'tẽsa]
condannare (vt)	sentenciar (vt)	[sẽtẽ'sjar]

colpevole (m)	culpado (m)	[kuw'padu]
punire (vt)	punir (vt)	[pu'nir]
punizione (f)	punição (f)	[puni'sãw]

multa (f), ammenda (f)	multa (f)	['muwta]
ergastolo (m)	prisão (f) perpétua	[pri'zãw per'pɛtwa]

pena (f) di morte	**pena** (f) **de morte**	['pena de 'mɔrtʃi]
sedia (f) elettrica	**cadeira** (f) **elétrica**	[ka'dejra e'lɛtrika]
impiccagione (f)	**forca** (f)	['fɔrka]
giustiziare (vt)	**executar** (vt)	[ezeku'tar]
esecuzione (f)	**execução** (f)	[ezeku'sãw]
prigione (f)	**prisão** (f)	[pri'zãw]
cella (f)	**cela** (f) **de prisão**	['sɛla de pri'zãw]
scorta (f)	**escolta** (f)	[is'kɔwta]
guardia (f) carceraria	**guarda** (m) **prisional**	['gwarda prizjo'naw]
prigioniero (m)	**preso** (m)	['prezu]
manette (f pl)	**algemas** (f pl)	[aw'ʒɛmas]
mettere le manette	**algemar** (vt)	[awʒe'mar]
fuga (f)	**fuga, evasão** (f)	['fuga], [eva'zãw]
fuggire (vi)	**fugir** (vi)	[fu'ʒir]
scomparire (vi)	**desaparecer** (vi)	[dʒizapare'ser]
liberare (vt)	**soltar, libertar** (vt)	[sow'tar], [liber'tar]
amnistia (f)	**anistia** (f)	[anis'tʃia]
polizia (f)	**polícia** (f)	[po'lisja]
poliziotto (m)	**polícia** (m)	[po'lisja]
commissariato (m)	**delegacia** (f) **de polícia**	[delega'sia de po'lisja]
manganello (m)	**cassetete** (m)	[kase'tɛtʃi]
altoparlante (m)	**megafone** (m)	[mega'fɔni]
macchina (f) di pattuglia	**carro** (m) **de patrulha**	['kaho de pa'truʎa]
sirena (f)	**sirene** (f)	[si'rɛni]
mettere la sirena	**ligar a sirene**	[li'gar a si'rɛni]
suono (m) della sirena	**toque** (m) **da sirene**	['tɔki da si'rɛni]
luogo (m) del crimine	**cena** (f) **do crime**	['sɛna du 'krimi]
testimone (m)	**testemunha** (f)	[teste'muɲa]
libertà (f)	**liberdade** (f)	[liber'dadʒi]
complice (m)	**cúmplice** (m)	['kũplisi]
fuggire (vi)	**escapar** (vi)	[iska'par]
traccia (f)	**traço** (m)	['trasu]

121. Polizia. Legge. Parte 2

ricerca (f) (~ di un criminale)	**procura** (f)	[pro'kura]
cercare (vt)	**procurar** (vt)	[proku'rar]
sospetto (m)	**suspeita** (f)	[sus'pejta]
sospetto (agg)	**suspeito**	[sus'pejtu]
fermare (vt)	**parar** (vt)	[pa'rar]
arrestare (qn)	**deter** (vt)	[de'ter]
causa (f)	**caso** (m)	['kazu]
inchiesta (f)	**investigação** (f)	[ĩvestʃiga'sãw]
detective (m)	**detetive** (m)	[dete'tʃivi]
investigatore (m)	**investigador** (m)	[ĩvestʃiga'dor]

versione (f)	versão (f)	[ver'sãw]
movente (m)	motivo (m)	[mo'tʃivu]
interrogatorio (m)	interrogatório (m)	[ĩtehoga'tɔrju]
interrogare (sospetto)	interrogar (vt)	[ĩteho'gar]
interrogare (vicini)	questionar (vt)	[kestʃo'nar]
controllo (m) (~ di polizia)	verificação (f)	[verifika'sãw]

retata (f)	batida (f) policial	[ba'tʃida poli'sjaw]
perquisizione (f)	busca (f)	['buska]
inseguimento (m)	perseguição (f)	[persegi'sãw]
inseguire (vt)	perseguir (vt)	[perse'gir]
essere sulle tracce	seguir, rastrear (vt)	[se'gir], [has'trjar]

arresto (m)	prisão (f)	[pri'zãw]
arrestare (qn)	prender (vt)	[prẽ'der]
catturare (~ un ladro)	pegar, capturar (vt)	[pe'gar], [kaptu'rar]
cattura (f)	captura (f)	[kap'tura]

documento (m)	documento (m)	[doku'mẽtu]
prova (f), reperto (m)	prova (f)	['prɔva]
provare (vt)	provar (vt)	[pro'var]
impronta (f) del piede	pegada (f)	[pe'gada]
impronte (f pl) digitali	impressões (f pl) digitais	[impre'sõjs dʒiʒi'tajs]
elemento (m) di prova	prova (f)	['prɔva]

alibi (m)	álibi (m)	['alibi]
innocente (agg)	inocente	[ino'sẽtʃi]
ingiustizia (f)	injustiça (f)	[ĩʒus'tʃisa]
ingiusto (agg)	injusto	[ĩ'ʒustu]

criminale (agg)	criminal	[krimi'naw]
confiscare (vt)	confiscar (vt)	[kõfis'kar]
droga (f)	droga (f)	['drɔga]
armi (f pl)	arma (f)	['arma]
disarmare (vt)	desarmar (vt)	[dʒizar'mar]
ordinare (vt)	ordenar (vt)	[orde'nar]
sparire (vi)	desaparecer (vi)	[dʒizapare'ser]

legge (f)	lei (f)	[lej]
legale (agg)	legal	[le'gaw]
illegale (agg)	ilegal	[ile'gaw]

responsabilità (f)	responsabilidade (f)	[hespõsabili'dadʒi]
responsabile (agg)	responsável	[hespõ'savew]

LA NATURA

La Terra. Parte 1

122. L'Universo

cosmo (m)	espaço, cosmo (m)	[is'pasu], ['kɔzmu]
cosmico, spaziale (agg)	espacial, cósmico	[ispa'sjaw], ['kɔzmiku]
spazio (m) cosmico	espaço (m) cósmico	[is'pasu 'kɔzmiku]
mondo (m)	mundo (m)	['mũdu]
universo (m)	universo (m)	[uni'vɛrsu]
galassia (f)	galáxia (f)	[ga'laksja]
stella (f)	estrela (f)	[is'trela]
costellazione (f)	constelação (f)	[kõstela'sãw]
pianeta (m)	planeta (m)	[pla'neta]
satellite (m)	satélite (m)	[sa'tɛlitʃi]
meteorite (m)	meteorito (m)	[meteo'ritu]
cometa (f)	cometa (m)	[ko'meta]
asteroide (m)	asteroide (m)	[aste'rɔjdʒi]
orbita (f)	órbita (f)	['ɔrbita]
ruotare (vi)	girar (vi)	[ʒi'rar]
atmosfera (f)	atmosfera (f)	[atmos'fɛra]
il Sole	Sol (m)	[sɔw]
sistema (m) solare	Sistema (m) Solar	[sis'tɛma so'lar]
eclisse (f) solare	eclipse (m) solar	[e'klipsi so'lar]
la Terra	Terra (f)	['tɛha]
la Luna	Lua (f)	['lua]
Marte (m)	Marte (m)	['martʃi]
Venere (f)	Vênus (f)	['venus]
Giove (m)	Júpiter (m)	['ʒupiter]
Saturno (m)	Saturno (m)	[sa'turnu]
Mercurio (m)	Mercúrio (m)	[mer'kurju]
Urano (m)	Urano (m)	[u'ranu]
Nettuno (m)	Netuno (m)	[ne'tunu]
Plutone (m)	Plutão (m)	[plu'tãw]
Via (f) Lattea	Via Láctea (f)	['via 'laktja]
Orsa (f) Maggiore	Ursa Maior (f)	[ursa ma'jɔr]
Stella (f) Polare	Estrela Polar (f)	[is'trela po'lar]
marziano (m)	marciano (m)	[mar'sjanu]
extraterrestre (m)	extraterrestre (m)	[estrate'hɛstri]

alieno (m)	alienígena (m)	[alje'niʒena]
disco (m) volante	disco (m) voador	['dʒisku vwa'dor]
nave (f) spaziale	nave (f) espacial	['navi ispa'sjaw]
stazione (f) spaziale	estação (f) orbital	[eʃta'sãw orbi'taw]
lancio (m)	lançamento (m)	[lãsa'mẽtu]
motore (m)	motor (m)	[mo'tor]
ugello (m)	bocal (m)	[bo'kaw]
combustibile (m)	combustível (m)	[kõbus'tʃivew]
cabina (f) di pilotaggio	cabine (f)	[ka'bini]
antenna (f)	antena (f)	[ã'tɛna]
oblò (m)	vigia (f)	[vi'ʒia]
batteria (f) solare	bateria (f) solar	[bate'ria so'lar]
scafandro (m)	traje (m) espacial	['traʒi ispa'sjaw]
imponderabilità (f)	imponderabilidade (f)	[ĩpõderabili'dadʒi]
ossigeno (m)	oxigênio (m)	[oksi'ʒenju]
aggancio (m)	acoplagem (f)	[ako'plaʒẽ]
agganciarsi (vr)	fazer uma acoplagem	[fa'zer 'uma ako'plaʒẽ]
osservatorio (m)	observatório (m)	[observa'tɔrju]
telescopio (m)	telescópio (m)	[tele'skɔpju]
osservare (vt)	observar (vt)	[obser'var]
esplorare (vt)	explorar (vt)	[isplo'rar]

123. La Terra

la Terra	Terra (f)	['tɛha]
globo (m) terrestre	globo (m) terrestre	['globu te'hɛstri]
pianeta (m)	planeta (m)	[pla'neta]
atmosfera (f)	atmosfera (f)	[atmos'fɛra]
geografia (f)	geografia (f)	[ʒeogra'fia]
natura (f)	natureza (f)	[natu'reza]
mappamondo (m)	globo (m)	['globu]
carta (f) geografica	mapa (m)	['mapa]
atlante (m)	atlas (m)	['atlas]
Europa (f)	Europa (f)	[ew'rɔpa]
Asia (f)	Ásia (f)	['azja]
Africa (f)	África (f)	['afrika]
Australia (f)	Austrália (f)	[aws'tralja]
America (f)	América (f)	[a'mɛrika]
America (f) del Nord	América (f) do Norte	[a'mɛrika du 'nɔrtʃi]
America (f) del Sud	América (f) do Sul	[a'mɛrika du suw]
Antartide (f)	Antártida (f)	[ã'tartʃida]
Artico (m)	Ártico (m)	['artʃiku]

124. Punti cardinali

nord (m)	norte (m)	['nɔrtʃi]
a nord	para norte	['para 'nɔrtʃi]
al nord	no norte	[nu 'nɔrtʃi]
del nord (agg)	do norte	[du 'nɔrtʃi]
sud (m)	sul (m)	[suw]
a sud	para sul	['para suw]
al sud	no sul	[nu suw]
del sud (agg)	do sul	[du suw]
ovest (m)	oeste, ocidente (m)	['wɛstʃi], [osi'dẽtʃi]
a ovest	para oeste	['para 'wɛstʃi]
all'ovest	no oeste	[nu 'wɛstʃi]
dell'ovest, occidentale	ocidental	[osidẽ'taw]
est (m)	leste, oriente (m)	['lɛstʃi], [o'rjẽtʃi]
a est	para leste	['para 'lɛstʃi]
all'est	no leste	[nu 'lɛstʃi]
dell'est, orientale	oriental	[orjẽ'taw]

125. Mare. Oceano

mare (m)	mar (m)	[mah]
oceano (m)	oceano (m)	[o'sjanu]
golfo (m)	golfo (m)	['gowfu]
stretto (m)	estreito (m)	[is'trejtu]
terra (f) (terra firma)	terra (f) firme	['tɛha 'firmi]
continente (m)	continente (m)	[kõtʃi'nẽtʃi]
isola (f)	ilha (f)	['iʎa]
penisola (f)	península (f)	[pe'nĩsula]
arcipelago (m)	arquipélago (m)	[arki'pɛlagu]
baia (f)	baía (f)	[ba'ia]
porto (m)	porto (m)	['portu]
laguna (f)	lagoa (f)	[la'goa]
capo (m)	cabo (m)	['kabu]
atollo (m)	atol (m)	[a'tɔw]
scogliera (f)	recife (m)	[he'sifi]
corallo (m)	coral (m)	[ko'raw]
barriera (f) corallina	recife (m) de coral	[he'sifi de ko'raw]
profondo (agg)	profundo	[pro'fũdu]
profondità (f)	profundidade (f)	[profũdʒi'dadʒi]
abisso (m)	abismo (m)	[a'bizmu]
fossa (f) (~ delle Marianne)	fossa (f) oceânica	['fɔsa o'sjanika]
corrente (f)	corrente (f)	[ko'hẽtʃi]
circondare (vt)	banhar (vt)	[ba'ɲar]
litorale (m)	litoral (m)	[lito'raw]

costa (f)	costa (f)	['kɔsta]
alta marea (f)	maré (f) alta	[ma'rɛ 'awta]
bassa marea (f)	refluxo (m)	[he'fluksu]
banco (m) di sabbia	restinga (f)	[hes'tʃĩga]
fondo (m)	fundo (m)	['fũdu]

onda (f)	onda (f)	['õda]
cresta (f) dell'onda	crista (f) da onda	['krista da 'õda]
schiuma (f)	espuma (f)	[is'puma]

tempesta (f)	tempestade (f)	[tẽpes'tadʒi]
uragano (m)	furacão (m)	[fura'kãw]
tsunami (m)	tsunami (m)	[tsu'nami]
bonaccia (f)	calmaria (f)	[kawma'ria]
tranquillo (agg)	calmo	['kawmu]

| polo (m) | polo (m) | ['pɔlu] |
| polare (agg) | polar | [po'lar] |

latitudine (f)	latitude (f)	[latʃi'tudʒi]
longitudine (f)	longitude (f)	[lõʒi'tudʒi]
parallelo (m)	paralela (f)	[para'lɛla]
equatore (m)	equador (m)	[ekwa'dor]

cielo (m)	céu (m)	[sɛw]
orizzonte (m)	horizonte (m)	[ori'zõtʃi]
aria (f)	ar (m)	[ar]

faro (m)	farol (m)	[fa'rɔw]
tuffarsi (vr)	mergulhar (vi)	[mergu'ʎar]
affondare (andare a fondo)	afundar-se (vr)	[afũ'darse]
tesori (m)	tesouros (m pl)	[te'zorus]

126. Nomi dei mari e degli oceani

Oceano (m) Atlantico	Oceano (m) Atlântico	[o'sjanu at'lãtʃiku]
Oceano (m) Indiano	Oceano (m) Índico	[o'sjanu 'ĩdiku]
Oceano (m) Pacifico	Oceano (m) Pacífico	[o'sjanu pa'sifiku]
mar (m) Glaciale Artico	Oceano (m) Ártico	[o'sjanu 'artʃiku]

mar (m) Nero	Mar (m) Negro	[mah 'negru]
mar (m) Rosso	Mar (m) Vermelho	[mah ver'meʎu]
mar (m) Giallo	Mar (m) Amarelo	[mah ama'rɛlu]
mar (m) Bianco	Mar (m) Branco	[mah 'brãku]

mar (m) Caspio	Mar (m) Cáspio	[mah 'kaspju]
mar (m) Morto	Mar (m) Morto	[mah 'mortu]
mar (m) Mediterraneo	Mar (m) Mediterrâneo	[mah medʒite'hanju]

| mar (m) Egeo | Mar (m) Egeu | [mah e'ʒew] |
| mar (m) Adriatico | Mar (m) Adriático | [mah a'drjatʃiku] |

| mar (m) Arabico | Mar (m) Arábico | [mah a'rabiku] |
| mar (m) del Giappone | Mar (m) do Japão | [mah du ʒa'pãw] |

mare (m) di Bering	**Mar** (m) **de Bering**	[mah de beřĩgi]
mar (m) Cinese meridionale	**Mar** (m) **da China Meridional**	[mah da 'ʃina meridʒjo'naw]
mar (m) dei Coralli	**Mar** (m) **de Coral**	[mah de ko'raw]
mar (m) di Tasman	**Mar** (m) **de Tasman**	[mah de tazman]
mar (m) dei Caraibi	**Mar** (m) **do Caribe**	[mah du ka'ribi]
mare (m) di Barents	**Mar** (m) **de Barents**	[mah de barẽts]
mare (m) di Kara	**Mar** (m) **de Kara**	[mah de 'kara]
mare (m) del Nord	**Mar** (m) **do Norte**	[mah du 'nɔrtʃi]
mar (m) Baltico	**Mar** (m) **Báltico**	[mah 'bawtʃiku]
mare (m) di Norvegia	**Mar** (m) **da Noruega**	[mah da nor'wɛga]

127. Montagne

monte (m), montagna (f)	**montanha** (f)	[mõ'taɲa]
catena (f) montuosa	**cordilheira** (f)	[kordʒi'ʎejra]
crinale (m)	**serra** (f)	['sɛha]
cima (f)	**cume** (m)	['kumi]
picco (m)	**pico** (m)	['piku]
piedi (m pl)	**pé** (m)	[pɛ]
pendio (m)	**declive** (m)	[de'klivi]
vulcano (m)	**vulcão** (m)	[vuw'kãw]
vulcano (m) attivo	**vulcão** (m) **ativo**	[vuw'kãw a'tʃivu]
vulcano (m) inattivo	**vulcão** (m) **extinto**	[vuw'kãw is'tʃĩtu]
eruzione (f)	**erupção** (f)	[erup'sãw]
cratere (m)	**cratera** (f)	[kra'tɛra]
magma (m)	**magma** (m)	['magma]
lava (f)	**lava** (f)	['lava]
fuso (lava ~a)	**fundido**	[fũ'dʒidu]
canyon (m)	**cânion, desfiladeiro** (m)	['kanjon], [dʒisfila'dejru]
gola (f)	**garganta** (f)	[gar'gãta]
crepaccio (m)	**fenda** (f)	['fẽda]
precipizio (m)	**precipício** (m)	[presi'pisju]
passo (m), valico (m)	**passo, colo** (m)	['pasu], ['kɔlu]
altopiano (m)	**planalto** (m)	[pla'nawtu]
falesia (f)	**falésia** (f)	[fa'lɛzja]
collina (f)	**colina** (f)	[ko'lina]
ghiacciaio (m)	**geleira** (f)	[ʒe'lejra]
cascata (f)	**cachoeira** (f)	[kaʃ'wejra]
geyser (m)	**gêiser** (m)	['ʒɛjzer]
lago (m)	**lago** (m)	['lagu]
pianura (f)	**planície** (f)	[pla'nisi]
paesaggio (m)	**paisagem** (f)	[paj'zaʒẽ]
eco (f)	**eco** (m)	['ɛku]
alpinista (m)	**alpinista** (m)	[awpi'nista]

scalatore (m)	escalador (m)	[iskala'dor]
conquistare (~ una cima)	conquistar (vt)	[kõkis'tar]
scalata (f)	subida, escalada (f)	[su'bida], [iska'lada]

128. Nomi delle montagne

Alpi (f pl)	Alpes (m pl)	['awpis]
Monte (m) Bianco	Monte Branco (m)	['mõtʃi 'brãku]
Pirenei (m pl)	Pirineus (m pl)	[piri'news]
Carpazi (m pl)	Cárpatos (m pl)	['karpatus]
gli Urali (m pl)	Urais (m pl)	[u'rajs]
Caucaso (m)	Cáucaso (m)	['kawkazu]
Monte (m) Elbrus	Elbrus (m)	[el'brus]
Monti (m pl) Altai	Altai (m)	[al'taj]
Tien Shan (m)	Tian Shan (m)	[tjan ʃan]
Pamir (m)	Pamir (m)	[pa'mir]
Himalaia (m)	Himalaia (m)	[ima'laja]
Everest (m)	monte Everest (m)	['mõtʃi eve'rest]
Ande (f pl)	Cordilheira (f) dos Andes	[kordʒi'ʎejra dus 'ãdʒis]
Kilimangiaro (m)	Kilimanjaro (m)	[kilimã'ʒaru]

129. Fiumi

fiume (m)	rio (m)	['hiu]
fonte (f) (sorgente)	fonte, nascente (f)	['fõtʃi], [na'sẽtʃi]
letto (m) (~ del fiume)	leito (m) de rio	['lejtu de 'hiu]
bacino (m)	bacia (f)	[ba'sia]
sfociare nel ...	desaguar no ...	[dʒiza'gwar nu]
affluente (m)	afluente (m)	[a'flwẽtʃi]
riva (f)	margem (f)	['marʒẽ]
corrente (f)	corrente (f)	[ko'hẽtʃi]
a valle	rio abaixo	['hiu a'bajʃu]
a monte	rio acima	['hiu a'sima]
inondazione (f)	inundação (f)	[ĩtrodu'sãw]
piena (f)	cheia (f)	['ʃeja]
straripare (vi)	transbordar (vi)	[trãzbor'dar]
inondare (vt)	inundar (vt)	[inũ'dar]
secca (f)	banco (m) de areia	['bãku de a'reja]
rapida (f)	corredeira (f)	[kohe'dejra]
diga (f)	barragem (f)	[ba'haʒẽ]
canale (m)	canal (m)	[ka'naw]
bacino (m) di riserva	reservatório (m) de água	[hezerva'tɔrju de 'agwa]
chiusa (f)	eclusa (f)	[e'kluza]
specchio (m) d'acqua	corpo (m) de água	['korpu de 'agwa]

palude (f)	pântano (m)	['pãtanu]
pantano (m)	lamaçal (m)	[lama'saw]
vortice (m)	rodamoinho (m)	[ɦodamo'iɲu]

ruscello (m)	riacho (m)	['hjaʃu]
potabile (agg)	potável	[po'tavew]
dolce (di acqua ~)	doce	['dosi]

| ghiaccio (m) | gelo (m) | ['ʒelu] |
| ghiacciarsi (vr) | congelar-se (vr) | [kõʒe'larsi] |

130. Nomi dei fiumi

| Senna (f) | rio Sena (m) | ['hiu 'sɛna] |
| Loira (f) | rio Loire (m) | ['hiu lu'ar] |

Tamigi (m)	rio Tâmisa (m)	['hiu 'tamiza]
Reno (m)	rio Reno (m)	['hiu 'henu]
Danubio (m)	rio Danúbio (m)	['hiu da'nubju]

Volga (m)	rio Volga (m)	['hiu 'vɔlga]
Don (m)	rio Don (m)	['hiu dɔn]
Lena (f)	rio Lena (m)	['hiu 'lena]

Fiume (m) Giallo	rio Amarelo (m)	['hiu ama'rɛlu]
Fiume (m) Azzurro	rio Yangtzé (m)	['hiu jã'gtzɛ]
Mekong (m)	rio Mekong (m)	['hiu mi'kõg]
Gange (m)	rio Ganges (m)	['hiu 'gændʒi:z]

Nilo (m)	rio Nilo (m)	['hiu 'nilu]
Congo (m)	rio Congo (m)	['hiu 'kõgu]
Okavango	rio Cubango (m)	['hiu ku'bãgu]
Zambesi (m)	rio Zambeze (m)	['hiu zã'bezi]
Limpopo (m)	rio Limpopo (m)	['hiu lĩ'popu]
Mississippi (m)	rio Mississippi (m)	['hiu misi'sipi]

131. Foresta

| foresta (f) | floresta (f), bosque (m) | [flo'rɛsta], ['bɔski] |
| forestale (agg) | florestal | [flores'taw] |

foresta (f) fitta	mata (f) fechada	['mata fe'ʃada]
boschetto (m)	arvoredo (m)	[arvo'redu]
radura (f)	clareira (f)	[kla'rejra]

| roveto (m) | matagal (m) | [mata'gaw] |
| boscaglia (f) | mato (m), caatinga (f) | ['matu], [ka'tʃĩga] |

sentiero (m)	trilha, vereda (f)	['triʎa], [ve'reda]
calanco (m)	ravina (f)	[ha'vina]
albero (m)	árvore (f)	['arvori]
foglia (f)	folha (f)	['foʎa]

fogliame (m)	folhagem (f)	[fo'ʎaʒẽ]
caduta (f) delle foglie	queda (f) das folhas	['kɛda das 'foʎas]
cadere (vi)	cair (vi)	[ka'ir]
cima (f)	topo (m)	['topu]

ramo (m), ramoscello (m)	ramo (m)	['hamu]
ramo (m)	galho (m)	['gaʎu]
gemma (f)	botão (m)	[bo'tãw]
ago (m)	agulha (f)	[a'guʎa]
pigna (f)	pinha (f)	['piɲa]

cavità (f)	buraco (m) de árvore	[bu'raku de 'arvori]
nido (m)	ninho (m)	['niɲu]
tana (f) (del fox, ecc.)	toca (f)	['tɔka]

tronco (m)	tronco (m)	['trõku]
radice (f)	raiz (f)	[ha'iz]
corteccia (f)	casca (f) de árvore	['kaska de 'arvori]
musco (m)	musgo (m)	['muzgu]

sradicare (vt)	arrancar pela raiz	[ahã'kar 'pɛla ha'iz]
abbattere (~ un albero)	cortar (vt)	[kor'tar]
disboscare (vt)	desflorestar (vt)	[dʒisflores'tar]
ceppo (m)	toco, cepo (m)	['toku], ['sepu]

falò (m)	fogueira (f)	[fo'gejra]
incendio (m) boschivo	incêndio (m) florestal	[ĩ'sẽdʒju flores'taw]
spegnere (vt)	apagar (vt)	[apa'gar]

guardia (f) forestale	guarda-parque (m)	['gwarda 'parki]
protezione (f)	proteção (f)	[prote'sãw]
proteggere (~ la natura)	proteger (vt)	[prote'ʒer]
bracconiere (m)	caçador (m) furtivo	[kasa'dor fur'tʃivu]
tagliola (f) (~ per orsi)	armadilha (f)	arma'dʒiʎa]

raccogliere (vt)	colher (vt)	[ko'ʎer]
perdersi (vr)	perder-se (vr)	[per'dersi]

132. Risorse naturali

risorse (f pl) naturali	recursos (m pl) naturais	[he'kursus natu'rajs]
minerali (m pl)	minerais (m pl)	[mine'rajs]
deposito (m) (~ di carbone)	depósitos (m pl)	[de'pɔzitus]
giacimento (m) (~ petrolifero)	jazida (f)	[ʒa'zida]

estrarre (vt)	extrair (vt)	[istra'jir]
estrazione (f)	extração (f)	[istra'sãw]
minerale (m) grezzo	minério (m)	[mi'nɛrju]
miniera (f)	mina (f)	['mina]
pozzo (m) di miniera	poço (m) de mina	['posu de 'mina]
minatore (m)	mineiro (m)	[mi'nejru]

gas (m)	gás (m)	[gajs]
gasdotto (m)	gasoduto (m)	[gazo'dutu]

petrolio (m)	**petróleo** (m)	[pe'trɔlju]
oleodotto (m)	**oleoduto** (m)	[oljo'dutu]
torre (f) di estrazione	**poço** (m) **de petróleo**	['posu de pe'trɔlju]
torre (f) di trivellazione	**torre** (f) **petrolífera**	['tohi petro'lifera]
petroliera (f)	**petroleiro** (m)	[petro'lejru]

sabbia (f)	**areia** (f)	[a'reja]
calcare (m)	**calcário** (m)	[kaw'karju]
ghiaia (f)	**cascalho** (m)	[kas'kaʎu]
torba (f)	**turfa** (f)	['turfa]
argilla (f)	**argila** (f)	[ar'ʒila]
carbone (m)	**carvão** (m)	[kar'vãw]

ferro (m)	**ferro** (m)	['fɛhu]
oro (m)	**ouro** (m)	['oru]
argento (m)	**prata** (f)	['prata]
nichel (m)	**níquel** (m)	['nikew]
rame (m)	**cobre** (m)	['kɔbri]

zinco (m)	**zinco** (m)	['zĩku]
manganese (m)	**manganês** (m)	[mãga'nes]
mercurio (m)	**mercúrio** (m)	[mer'kurju]
piombo (m)	**chumbo** (m)	['ʃũbu]

minerale (m)	**mineral** (m)	[mine'raw]
cristallo (m)	**cristal** (m)	[kris'taw]
marmo (m)	**mármore** (m)	['marmori]
uranio (m)	**urânio** (m)	[u'ranju]

La Terra. Parte 2

133. Tempo

tempo (m)	tempo (m)	['tẽpu]
previsione (f) del tempo	previsão (f) do tempo	[previ'zãw du 'tẽpu]
temperatura (f)	temperatura (f)	[tẽpera'tura]
termometro (m)	termômetro (m)	[ter'mometru]
barometro (m)	barômetro (m)	[ba'rometru]
umido (agg)	úmido	['umidu]
umidità (f)	umidade (f)	[umi'dadʒi]
caldo (m), afa (f)	calor (m)	[ka'lor]
molto caldo (agg)	tórrido	['tohidu]
fa molto caldo	está muito calor	[is'ta 'mwĩtu ka'lor]
fa caldo	está calor	[is'ta ka'lor]
caldo, mite (agg)	quente	['kẽtʃi]
fa freddo	está frio	[is'ta 'friu]
freddo (agg)	frio	['friu]
sole (m)	sol (m)	[sɔw]
splendere (vi)	brilhar (vi)	[bri'ʎar]
di sole (una giornata ~)	de sol, ensolarado	[de sɔw], [ẽsola'radu]
sorgere, levarsi (vr)	nascer (vi)	[na'ser]
tramontare (vi)	pôr-se (vr)	['porsi]
nuvola (f)	nuvem (f)	['nuvẽj]
nuvoloso (agg)	nublado	[nu'bladu]
nube (f) di pioggia	nuvem (f) preta	['nuvẽj 'preta]
nuvoloso (agg)	escuro	[is'kuru]
pioggia (f)	chuva (f)	['ʃuva]
piove	está a chover	[is'ta a ʃo'ver]
piovoso (agg)	chuvoso	[ʃu'vozu]
piovigginare (vi)	chuviscar (vi)	[ʃuvis'kar]
pioggia (f) torrenziale	chuva (f) torrencial	['ʃuva tohẽ'sjaw]
acquazzone (m)	aguaceiro (m)	[agwa'sejru]
forte (una ~ pioggia)	forte	['fortʃi]
pozzanghera (f)	poça (f)	['posa]
bagnarsi (~ sotto la pioggia)	molhar-se (vr)	[mo'ʎarsi]
foschia (f), nebbia (f)	nevoeiro (m)	[nevo'ejru]
nebbioso (agg)	de nevoeiro	[de nevu'ejru]
neve (f)	neve (f)	['nɛvi]
nevica	está nevando	[is'ta ne'vãdu]

134. Rigide condizioni metereologiche. Disastri naturali

temporale (m)	**trovoada** (f)	[tro'vwada]
fulmine (f)	**relâmpago** (m)	[he'lãpagu]
lampeggiare (vi)	**relampejar** (vi)	[helãpe'ʒar]
tuono (m)	**trovão** (m)	[tro'vãw]
tuonare (vi)	**trovejar** (vi)	[trove'ʒar]
tuona	**está trovejando**	[is'ta trove'ʒãdu]
grandine (f)	**granizo** (m)	[gra'nizu]
grandina	**está caindo granizo**	[is'ta ka'ĩdu gra'nizu]
inondare (vt)	**inundar** (vt)	[inũ'dar]
inondazione (f)	**inundação** (f)	[ĩtrodu'sãw]
terremoto (m)	**terremoto** (m)	[tehe'mɔtu]
scossa (f)	**abalo, tremor** (m)	[a'balu], [tre'mor]
epicentro (m)	**epicentro** (m)	[epi'sẽtru]
eruzione (f)	**erupção** (f)	[erup'sãw]
lava (f)	**lava** (f)	['lava]
tromba (f) d'aria	**tornado** (m)	[tor'nadu]
tornado (m)	**tornado** (m)	[tor'nadu]
tifone (m)	**tufão** (m)	[tu'fãw]
uragano (m)	**furacão** (m)	[fura'kãw]
tempesta (f)	**tempestade** (f)	[tẽpes'tadʒi]
tsunami (m)	**tsunami** (m)	[tsu'nami]
ciclone (m)	**ciclone** (m)	[si'klɔni]
maltempo (m)	**mau tempo** (m)	[maw 'tẽpu]
incendio (m)	**incêndio** (m)	[ĩ'sẽdʒju]
disastro (m)	**catástrofe** (f)	[ka'tastrofi]
meteorite (m)	**meteorito** (m)	[meteo'ritu]
valanga (f)	**avalanche** (f)	[ava'lãʃi]
slavina (f)	**deslizamento** (m) **de neve**	[dʒizliza'mẽtu de 'nɛvi]
tempesta (f) di neve	**nevasca** (f)	[ne'vaska]
bufera (f) di neve	**tempestade** (f) **de neve**	[tẽpes'tadʒi de 'nɛvi]

Fauna

135. Mammiferi. Predatori

predatore (m)	predador (m)	[preda'dor]
tigre (f)	tigre (m)	['tʃigri]
leone (m)	leão (m)	[le'ãw]
lupo (m)	lobo (m)	['lobu]
volpe (m)	raposa (f)	[ha'pozu]
giaguaro (m)	jaguar (m)	[ʒa'gwar]
leopardo (m)	leopardo (m)	[ljo'pardu]
ghepardo (m)	chita (f)	['ʃita]
pantera (f)	pantera (f)	[pã'tɛra]
puma (f)	puma (m)	['puma]
leopardo (m) delle nevi	leopardo-das-neves (m)	[ljo'pardu das 'nɛvis]
lince (f)	lince (m)	['lĩsi]
coyote (m)	coiote (m)	[ko'jɔtʃi]
sciacallo (m)	chacal (m)	[ʃa'kaw]
iena (f)	hiena (f)	['jena]

136. Animali selvatici

animale (m)	animal (m)	[ani'maw]
bestia (f)	besta (f)	['besta]
scoiattolo (m)	esquilo (m)	[is'kilu]
riccio (m)	ouriço (m)	[o'risu]
lepre (f)	lebre (f)	['lɛbri]
coniglio (m)	coelho (m)	[ko'eʎu]
tasso (m)	texugo (m)	[te'ʃugu]
procione (f)	guaxinim (m)	[gwaʃi'nĩ]
criceto (m)	hamster (m)	['amster]
marmotta (f)	marmota (f)	[mah'mɔta]
talpa (f)	toupeira (f)	[to'pejra]
topo (m)	rato (m)	['hatu]
ratto (m)	ratazana (f)	[hata'zana]
pipistrello (m)	morcego (m)	[mor'segu]
ermellino (m)	arminho (m)	[ar'miɲu]
zibellino (m)	zibelina (f)	[zibe'lina]
martora (f)	marta (f)	['mahta]
donnola (f)	doninha (f)	[dɔ'niɲa]
visone (m)	visom (m)	[vi'zõ]

castoro (m)	castor (m)	[kas'tor]
lontra (f)	lontra (f)	['lõtra]
cavallo (m)	cavalo (m)	[ka'valu]
alce (m)	alce (m)	['awsi]
cervo (m)	veado (m)	['vjadu]
cammello (m)	camelo (m)	[ka'melu]
bisonte (m) americano	bisão (m)	[bi'zãw]
bisonte (m) europeo	auroque (m)	[aw'rɔki]
bufalo (m)	búfalo (m)	['bufalu]
zebra (f)	zebra (f)	['zebra]
antilope (f)	antílope (m)	[ã'tʃilopi]
capriolo (m)	corça (f)	['korsa]
daino (m)	gamo (m)	['gamu]
camoscio (m)	camurça (f)	[ka'mursa]
cinghiale (m)	javali (m)	[ʒava'li]
balena (f)	baleia (f)	[ba'leja]
foca (f)	foca (f)	['fɔka]
tricheco (m)	morsa (f)	['mɔhsa]
otaria (f)	urso-marinho (m)	['ursu ma'riɲu]
delfino (m)	golfinho (m)	[gow'fiɲu]
orso (m)	urso (m)	['ursu]
orso (m) bianco	urso (m) polar	['ursu po'lar]
panda (m)	panda (m)	['pãda]
scimmia (f)	macaco (m)	[ma'kaku]
scimpanzè (m)	chimpanzé (m)	[ʃĩpã'zɛ]
orango (m)	orangotango (m)	[orãgu'tãgu]
gorilla (m)	gorila (m)	[go'rila]
macaco (m)	macaco (m)	[ma'kaku]
gibbone (m)	gibão (m)	[ʒi'bãw]
elefante (m)	elefante (m)	[ele'fãtʃi]
rinoceronte (m)	rinoceronte (m)	[hinose'rõtʃi]
giraffa (f)	girafa (f)	[ʒi'rafa]
ippopotamo (m)	hipopótamo (m)	[ipo'pɔtamu]
canguro (m)	canguru (m)	[kãgu'ru]
koala (m)	coala (m)	['kwala]
mangusta (f)	mangusto (m)	[mã'gustu]
cincillà (f)	chinchila (f)	[ʃĩ'ʃila]
moffetta (f)	cangambá (f)	[kã'gãba]
istrice (m)	porco-espinho (m)	['pɔrku is'piɲu]

137. Animali domestici

gatta (f)	gata (f)	['gata]
gatto (m)	gato (m) macho	['gatu 'maʃu]
cane (m)	cão (m)	['kãw]

cavallo (m)	cavalo (m)	[ka'valu]
stallone (m)	garanhão (m)	[gara'ɲãw]
giumenta (f)	égua (f)	['ɛgwa]

mucca (f)	vaca (f)	['vaka]
toro (m)	touro (m)	['toru]
bue (m)	boi (m)	[boj]

pecora (f)	ovelha (f)	[o'veʎa]
montone (m)	carneiro (m)	[kar'nejru]
capra (f)	cabra (f)	['kabra]
caprone (m)	bode (m)	['bɔdʒi]

| asino (m) | burro (m) | ['buhu] |
| mulo (m) | mula (f) | ['mula] |

porco (m)	porco (m)	['porku]
porcellino (m)	leitão (m)	[lej'tãw]
coniglio (m)	coelho (m)	[ko'eʎu]

| gallina (f) | galinha (f) | [ga'liɲa] |
| gallo (m) | galo (m) | ['galu] |

anatra (f)	pata (f)	['pata]
maschio (m) dell'anatra	pato (m)	['patu]
oca (f)	ganso (m)	['gãsu]

| tacchino (m) | peru (m) | [pe'ru] |
| tacchina (f) | perua (f) | [pe'rua] |

animali (m pl) domestici	animais (m pl) domésticos	[ani'majs do'mɛstʃikus]
addomesticato (agg)	domesticado	[domestʃi'kadu]
addomesticare (vt)	domesticar (vt)	[domestʃi'kar]
allevare (vt)	criar (vt)	[krjar]

fattoria (f)	fazenda (f)	[fa'zẽda]
pollame (m)	aves (f pl) domésticas	['avis do'mɛstʃikas]
bestiame (m)	gado (m)	['gadu]
branco (m), mandria (f)	rebanho (m), manada (f)	[he'baɲu], [ma'nada]

scuderia (f)	estábulo (m)	[is'tabulu]
porcile (m)	chiqueiro (m)	[ʃi'kejru]
stalla (f)	estábulo (m)	[is'tabulu]
conigliera (f)	coelheira (f)	[kue'ʎejra]
pollaio (m)	galinheiro (m)	[gali'ɲejru]

138. Uccelli

uccello (m)	pássaro (m), ave (f)	['pasaru], ['avi]
colombo (m), piccione (m)	pombo (m)	['põbu]
passero (m)	pardal (m)	[par'daw]
cincia (f)	chapim-real (m)	[ʃa'pĩ-he'aw]
gazza (f)	pega-rabuda (f)	['pega-ha'buda]
corvo (m)	corvo (m)	['korvu]

cornacchia (f)	gralha-cinzenta (f)	['graʎa sĩ'zẽta]
taccola (f)	gralha-de-nuca-cinzenta (f)	['graʎa de 'nuka sĩ'zẽta]
corvo (m) nero	gralha-calva (f)	['graʎa 'kawvu]
anatra (f)	pato (m)	['patu]
oca (f)	ganso (m)	['gãsu]
fagiano (m)	faisão (m)	[faj'zãw]
aquila (f)	águia (f)	['agja]
astore (m)	açor (m)	[a'sor]
falco (m)	falcão (m)	[faw'kãw]
grifone (m)	abutre (m)	[a'butri]
condor (m)	condor (m)	[kõ'dor]
cigno (m)	cisne (m)	['sizni]
gru (f)	grou (m)	[grow]
cicogna (f)	cegonha (f)	[se'goɲa]
pappagallo (m)	papagaio (m)	[papa'gaju]
colibrì (m)	beija-flor (m)	[bejʒa'flɔr]
pavone (m)	pavão (m)	[pa'vãw]
struzzo (m)	avestruz (m)	[aves'truz]
airone (m)	garça (f)	['garsa]
fenicottero (m)	flamingo (m)	[fla'mĩgu]
pellicano (m)	pelicano (m)	[peli'kanu]
usignolo (m)	rouxinol (m)	[hoʃi'nɔw]
rondine (f)	andorinha (f)	[ãdo'riɲa]
tordo (m)	tordo-zornal (m)	['tɔrdu-zor'nal]
tordo (m) sasello	tordo-músico (m)	['tɔrdu-'muziku]
merlo (m)	melro-preto (m)	['mɛwhu 'pretu]
rondone (m)	andorinhão (m)	[ãdori'ɲãw]
allodola (f)	laverca, cotovia (f)	[la'verka], [kutu'via]
quaglia (f)	codorna (f)	[ko'dɔrna]
picchio (m)	pica-pau (m)	['pika 'paw]
cuculo (m)	cuco (m)	['kuku]
civetta (f)	coruja (f)	[ko'ruʒa]
gufo (m) reale	bufo-real (m)	['bufu-he'aw]
urogallo (m)	tetraz-grande (m)	[tɛ'tras-'grãdʒi]
fagiano (m) di monte	tetraz-lira (m)	[tɛ'tras-'lira]
pernice (f)	perdiz-cinzenta (f)	[per'dis sĩ'zẽta]
storno (m)	estorninho (m)	[istor'niɲu]
canarino (m)	canário (m)	[ka'narju]
francolino (m) di monte	galinha-do-mato (f)	[ga'liɲa du 'matu]
fringuello (m)	tentilhão (m)	[tẽtʃi'ʎãw]
ciuffolotto (m)	dom-fafe (m)	[dõ'fafi]
gabbiano (m)	gaivota (f)	[gaj'vɔta]
albatro (m)	albatroz (m)	[alba'trɔs]
pinguino (m)	pinguim (m)	[pĩ'gwĩ]

139. Pesci. Animali marini

abramide (f)	brema (f)	['brema]
carpa (f)	carpa (f)	['karpa]
perca (f)	perca (f)	['pehka]
pesce (m) gatto	siluro (m)	[si'luru]
luccio (m)	lúcio (m)	['lusju]
salmone (m)	salmão (m)	[saw'mãw]
storione (m)	esturjão (m)	[istur'ʒãw]
aringa (f)	arenque (m)	[a'rẽki]
salmone (m)	salmão (m) do Atlântico	[saw'mãw du at'lãtʃiku]
scombro (m)	cavala, sarda (f)	[ka'vala], ['sarda]
sogliola (f)	solha (f), linguado (m)	['soʎa], [lĩ'gwadu]
lucioperca (f)	lúcio perca (m)	['lusju 'perka]
merluzzo (m)	bacalhau (m)	[baka'ʎaw]
tonno (m)	atum (m)	[a'tũ]
trota (f)	truta (f)	['truta]
anguilla (f)	enguia (f)	[ẽ'gia]
torpedine (f)	raia (f) elétrica	['haja e'lɛtrika]
murena (f)	moreia (f)	[mo'reja]
piranha (f)	piranha (f)	[pi'raɲa]
squalo (m)	tubarão (m)	[tuba'rãw]
delfino (m)	golfinho (m)	[gow'fiɲu]
balena (f)	baleia (f)	[ba'leja]
granchio (m)	caranguejo (m)	[karã'geʒu]
medusa (f)	água-viva (f)	['agwa 'viva]
polpo (m)	polvo (m)	['powvu]
stella (f) marina	estrela-do-mar (f)	[is'trela du 'mar]
riccio (m) di mare	ouriço-do-mar (m)	[o'risu du 'mar]
cavalluccio (m) marino	cavalo-marinho (m)	[ka'valu ma'riɲu]
ostrica (f)	ostra (f)	['ostra]
gamberetto (m)	camarão (m)	[kama'rãw]
astice (m)	lagosta (f)	[la'gosta]
aragosta (f)	lagosta (f)	[la'gosta]

140. Anfibi. Rettili

serpente (m)	cobra (f)	['kɔbra]
velenoso (agg)	venenoso	[vene'nozu]
vipera (f)	víbora (f)	['vibora]
cobra (m)	naja (f)	['naʒa]
pitone (m)	píton (m)	['piton]
boa (m)	jiboia (f)	[ʒi'bɔja]
biscia (f)	cobra-de-água (f)	[kɔbra de 'agwa]

| serpente (m) a sonagli | cascavel (f) | [kaska'vɛw] |
| anaconda (f) | anaconda, sucuri (f) | [ana'kõda], [sukuri] |

lucertola (f)	lagarto (m)	[la'gartu]
iguana (f)	iguana (f)	[i'gwana]
varano (m)	varano (m)	[va'ranu]
salamandra (f)	salamandra (f)	[sala'mãdra]
camaleonte (m)	camaleão (m)	[kamale'ãu]
scorpione (m)	escorpião (m)	[iskorpi'ãw]

tartaruga (f)	tartaruga (f)	[tarta'ruga]
rana (f)	rã (f)	[hã]
rospo (m)	sapo (m)	['sapu]
coccodrillo (m)	crocodilo (m)	[kroko'dʒilu]

141. Insetti

insetto (m)	inseto (m)	[ĩ'sɛtu]
farfalla (f)	borboleta (f)	[borbo'leta]
formica (f)	formiga (f)	[for'miga]
mosca (f)	mosca (f)	['moska]
zanzara (f)	mosquito (m)	[mos'kitu]
scarabeo (m)	escaravelho (m)	[iskara'veʎu]

vespa (f)	vespa (f)	['vespa]
ape (f)	abelha (f)	[a'beʎa]
bombo (m)	mamangaba (f)	[mamã'gaba]
tafano (m)	moscardo (m)	[mos'kardu]

| ragno (m) | aranha (f) | [a'raɲa] |
| ragnatela (f) | teia (f) de aranha | ['teja de a'raɲa] |

libellula (f)	libélula (f)	[li'bɛlula]
cavalletta (f)	gafanhoto (m)	[gafa'ɲotu]
farfalla (f) notturna	traça (f)	['trasa]

scarafaggio (m)	barata (f)	[ba'rata]
zecca (f)	carrapato (m)	[kaha'patu]
pulce (f)	pulga (f)	['puwga]
moscerino (m)	borrachudo (m)	[boha'ʃudu]

locusta (f)	gafanhoto-migratório (m)	[gafa'ɲotu-migra'tɔrju]
lumaca (f)	caracol (m)	[kara'kɔw]
grillo (m)	grilo (m)	['grilu]
lucciola (f)	pirilampo, vaga-lume (m)	[piri'lãpu], [vaga-'lumi]
coccinella (f)	joaninha (f)	[ʒwa'niɲa]
maggiolino (m)	besouro (m)	[be'zoru]

sanguisuga (f)	sanguessuga (f)	[sãgi'suga]
bruco (m)	lagarta (f)	[la'garta]
verme (m)	minhoca (f)	[mi'ɲɔka]
larva (f)	larva (f)	['larva]

Flora

142. Alberi

albero (m)	árvore (f)	['arvori]
deciduo (agg)	decídua	[de'sidwa]
conifero (agg)	conífera	[ko'nifera]
sempreverde (agg)	perene	[pe'rɛni]

melo (m)	macieira (f)	[ma'sjejra]
pero (m)	pereira (f)	[pe'rejra]
ciliegio (m)	cerejeira (f)	[sere'ʒejra]
amareno (m)	ginjeira (f)	[ʒĩ'ʒejra]
prugno (m)	ameixeira (f)	[amej'ʃejra]

betulla (f)	bétula (f)	['bɛtula]
quercia (f)	carvalho (m)	[kar'vaʎu]
tiglio (m)	tília (f)	['tʃilja]
pioppo (m) tremolo	choupo-tremedor (m)	['ʃopu-treme'dor]
acero (m)	bordo (m)	['bordu]
abete (m)	espruce (m)	[is'pruse]
pino (m)	pinheiro (m)	[pi'ɲejru]
larice (m)	alerce, lariço (m)	[a'lɛrse], [la'risu]
abete (m) bianco	abeto (m)	[a'bɛtu]
cedro (m)	cedro (m)	['sɛdru]

pioppo (m)	choupo, álamo (m)	['ʃopu], ['alamu]
sorbo (m)	tramazeira (f)	[trama'zejra]
salice (m)	salgueiro (m)	[saw'gejru]
alno (m)	amieiro (m)	[a'mjejru]
faggio (m)	faia (f)	['faja]
olmo (m)	ulmeiro, olmo (m)	[ul'mejru], ['ɔwmu]
frassino (m)	freixo (m)	['frejʃu]
castagno (m)	castanheiro (m)	[kasta'ɲejru]

magnólia (f)	magnólia (f)	[mag'nɔlja]
palma (f)	palmeira (f)	[paw'mejra]
cipresso (m)	cipreste (m)	[si'prɛstʃi]

mangrovia (f)	mangue (m)	['mãgi]
baobab (m)	embondeiro, baobá (m)	[ẽbõ'dejru], [bao'ba]
eucalipto (m)	eucalipto (m)	[ewka'liptu]
sequoia (f)	sequoia (f)	[se'kwɔja]

143. Arbusti

| cespuglio (m) | arbusto (m) | [ar'bustu] |
| arbusto (m) | arbusto (m), moita (f) | [ar'bustu], ['mɔjta] |

| vite (f) | videira (f) | [vi'dejra] |
| vigneto (m) | vinhedo (m) | [vi'ɲedu] |

lampone (m)	framboeseira (f)	[frãboe'zejra]
ribes (m) nero	groselheira-negra (f)	[groze'ʎejra 'negra]
ribes (m) rosso	groselheira-vermelha (f)	[grozɛ'ʎejra ver'meʎa]
uva (f) spina	groselheira (f) espinhosa	[groze'ʎejra ispi'ɲoza]

acacia (f)	acácia (f)	[a'kasja]
crespino (m)	bérberis (f)	['bɛrberis]
gelsomino (m)	jasmim (m)	[ʒaz'mĩ]

ginepro (m)	junípero (m)	[ʒu'niperu]
roseto (m)	roseira (f)	[ho'zejra]
rosa (f) canina	roseira (f) brava	[ho'zejra 'brava]

144. Frutti. Bacche

frutto (m)	fruta (f)	['fruta]
frutti (m pl)	frutas (f pl)	['frutas]
mela (f)	maçã (f)	[ma'sã]
pera (f)	pera (f)	['pera]
prugna (f)	ameixa (f)	[a'mejʃa]

fragola (f)	morango (m)	[mo'rãgu]
amarena (f)	ginja (f)	['ʒĩʒa]
ciliegia (f)	cereja (f)	[se'reʒa]
uva (f)	uva (f)	['uva]

lampone (m)	framboesa (f)	[frãbo'eza]
ribes (m) nero	groselha (f) negra	[gro'zɛʎa 'negra]
ribes (m) rosso	groselha (f) vermelha	[[gro'zɛʎa ver'meʎa]
uva (f) spina	groselha (f) espinhosa	[gro'zɛʎa ispi'ɲoza]
mirtillo (m) di palude	oxicoco (m)	[oksi'koku]

arancia (f)	laranja (f)	[la'rãʒa]
mandarino (m)	tangerina (f)	[tãʒe'rina]
ananas (m)	abacaxi (m)	[abaka'ʃĩ]

| banana (f) | banana (f) | [ba'nana] |
| dattero (m) | tâmara (f) | ['tamara] |

limone (m)	limão (m)	[li'mãw]
albicocca (f)	damasco (m)	[da'masku]
pesca (f)	pêssego (m)	['pesegu]

| kiwi (m) | quiuí (m) | [ki'vi] |
| pompelmo (m) | toranja (f) | [to'rãʒa] |

bacca (f)	baga (f)	['baga]
bacche (f pl)	bagas (f pl)	['bagas]
mirtillo (m) rosso	arando (m) vermelho	[a'rãdu ver'meʎu]
fragola (f) di bosco	morango-silvestre (m)	[mo'rãgu siw'vɛstri]
mirtillo (m)	mirtilo (m)	[mih'tʃilu]

145. Fiori. Piante

fiore (m)	flor (f)	[flɔr]
mazzo (m) di fiori	buquê (m) de flores	[bu'ke de 'floris]
rosa (f)	rosa (f)	['hɔza]
tulipano (m)	tulipa (f)	[tu'lipa]
garofano (m)	cravo (m)	['kravu]
gladiolo (m)	gladíolo (m)	[gla'dʒiolu]
fiordaliso (m)	escovinha (f)	[isko'viɲa]
campanella (f)	campainha (f)	[kampa'iɲa]
soffione (m)	dente-de-leão (m)	['dẽtʃi] de le'ãw]
camomilla (f)	camomila (f)	[kamo'mila]
aloe (m)	aloé (m)	[alo'ɛ]
cactus (m)	cacto (m)	['kaktu]
ficus (m)	fícus (m)	['fikus]
giglio (m)	lírio (m)	['lirju]
geranio (m)	gerânio (m)	[ʒe'ranju]
giacinto (m)	jacinto (m)	[ʒa'sĩtu]
mimosa (f)	mimosa (f)	[mi'mɔza]
narciso (m)	narciso (m)	[nar'sizu]
nasturzio (m)	capuchinha (f)	[kapu'ʃiɲa]
orchidea (f)	orquídea (f)	[or'kidʒja]
peonia (f)	peônia (f)	[pi'onia]
viola (f)	violeta (f)	[vjo'leta]
viola (f) del pensiero	amor-perfeito (m)	[a'mor per'fejtu]
nontiscordardimé (m)	não-me-esqueças (m)	['nãw mi is'kesas]
margherita (f)	margarida (f)	[marga'rida]
papavero (m)	papoula (f)	[pa'pola]
canapa (f)	cânhamo (m)	['kaɲamu]
menta (f)	hortelã, menta (f)	[orte'lã], ['mẽta]
mughetto (m)	lírio-do-vale (m)	['lirju du 'vali]
bucaneve (m)	campânula-branca (f)	[kã'panula-'brãka]
ortica (f)	urtiga (f)	[ur'tʃiga]
acetosa (f)	azedinha (f)	[aze'dʒinha]
ninfea (f)	nenúfar (m)	[ne'nufar]
felce (f)	samambaia (f)	[samã'baja]
lichene (m)	líquen (m)	['likẽ]
serra (f)	estufa (f)	[is'tufa]
prato (m) erboso	gramado (m)	[gra'madu]
aiuola (f)	canteiro (m) de flores	[kã'tejru de 'floris]
pianta (f)	planta (f)	['plãta]
erba (f)	grama (f)	['grama]
filo (m) d'erba	folha (f) de grama	['foʎa de 'grama]

foglia (f)	folha (f)	['foʎa]
petalo (m)	pétala (f)	['pɛtala]
stelo (m)	talo (m)	['talu]
tubero (m)	tubérculo (m)	[tu'berkulu]

germoglio (m)	broto, rebento (m)	['bɾotu], [he'bẽtu]
spina (f)	espinho (m)	[is'piɲu]

fiorire (vi)	florescer (vi)	[flore'ser]
appassire (vi)	murchar (vi)	[mur'ʃar]
odore (m), profumo (m)	cheiro (m)	['ʃejru]
tagliare (~ i fiori)	cortar (vt)	[kor'tar]
cogliere (vt)	colher (vt)	[ko'ʎer]

146. Cereali, granaglie

grano (m)	grão (m)	['grãw]
cereali (m pl)	cereais (m pl)	[se'rjajs]
spiga (f)	espiga (f)	[is'piga]

frumento (m)	trigo (m)	['trigu]
segale (f)	centeio (m)	[sẽ'teju]
avena (f)	aveia (f)	[a'veja]
miglio (m)	painço (m)	[pa'ĩsu]
orzo (m)	cevada (f)	[se'vada]

mais (m)	milho (m)	['miʎu]
riso (m)	arroz (m)	[a'hoz]
grano (m) saraceno	trigo-sarraceno (m)	['trigu-saha'sẽnu]

pisello (m)	ervilha (f)	[er'viʎa]
fagiolo (m)	feijão (m) roxo	[fej'ʒãw 'hoʃu]
soia (f)	soja (f)	['sɔʒa]
lenticchie (f pl)	lentilha (f)	[lẽ'tʃiʎa]
fave (f pl)	feijão (m)	[fej'ʒãw]

PAESI. NAZIONALITÀ

147. Europa occidentale

Europa (f)	Europa (f)	[ew'rɔpa]
Unione (f) Europea	União (f) Europeia	[u'njãw euro'pɛja]

Austria (f)	Áustria (f)	['awstrja]
Gran Bretagna (f)	Grã-Bretanha (f)	[grã-bre'taɲa]
Inghilterra (f)	Inglaterra (f)	[ĩgla'tɛha]
Belgio (m)	Bélgica (f)	['bɛwʒika]
Germania (f)	Alemanha (f)	[ale'mãɲa]

Paesi Bassi (m pl)	Países Baixos (m pl)	[pa'jisis 'baɪʃus]
Olanda (f)	Holanda (f)	[o'lãda]
Grecia (f)	Grécia (f)	['grɛsja]
Danimarca (f)	Dinamarca (f)	[dʒina'marka]
Irlanda (f)	Irlanda (f)	[ir'lãda]
Islanda (f)	Islândia (f)	[iz'lãdʒa]

Spagna (f)	Espanha (f)	[is'paɲa]
Italia (f)	Itália (f)	[i'talja]
Cipro (m)	Chipre (m)	['ʃipri]
Malta (f)	Malta (f)	['mawta]

Norvegia (f)	Noruega (f)	[nor'wɛga]
Portogallo (f)	Portugal (m)	[portu'gaw]
Finlandia (f)	Finlândia (f)	[fĩ'lãdʒja]
Francia (f)	França (f)	['frãsa]

Svezia (f)	Suécia (f)	['swɛsja]
Svizzera (f)	Suíça (f)	['swisa]
Scozia (f)	Escócia (f)	[is'kɔsja]

Vaticano (m)	Vaticano (m)	[vatʃi'kanu]
Liechtenstein (m)	Liechtenstein (m)	[liʃtẽs'tajn]
Lussemburgo (m)	Luxemburgo (m)	[luʃẽ'burgu]
Monaco (m)	Mônaco (m)	['monaku]

148. Europa centrale e orientale

Albania (f)	Albânia (f)	[aw'banja]
Bulgaria (f)	Bulgária (f)	[buw'garja]
Ungheria (f)	Hungria (f)	[ũ'gria]
Lettonia (f)	Letônia (f)	[le'tonja]

Lituania (f)	Lituânia (f)	[li'twanja]
Polonia (f)	Polônia (f)	[po'lonja]

Romania (f)	Romênia (f)	[ho'menja]
Serbia (f)	Sérvia (f)	['sɛhvia]
Slovacchia (f)	Eslováquia (f)	islɔ'vakja]

Croazia (f)	Croácia (f)	[kro'asja]
Repubblica (f) Ceca	República (f) Checa	[he'publika 'ʃeka]
Estonia (f)	Estônia (f)	[is'tonja]

Bosnia-Erzegovina (f)	Bósnia e Herzegovina (f)	['bɔsnia i ɛrtsegɔ'vina]
Macedonia (f)	Macedônia (f)	[mase'donja]
Slovenia (f)	Eslovênia (f)	islɔ'venja]
Montenegro (m)	Montenegro (m)	[mõtʃi'negru]

149. Paesi dell'ex Unione Sovietica

| Azerbaigian (m) | Azerbaijão (m) | [azerbaj'ʒãw] |
| Armenia (f) | Armênia (f) | [ar'menja] |

Bielorussia (f)	Belarus	[bela'rus]
Georgia (f)	Geórgia (f)	['ʒɔrʒa]
Kazakistan (m)	Cazaquistão (m)	[kazakis'tãw]
Kirghizistan (m)	Quirguistão (m)	[kirgis'tãw]
Moldavia (f)	Moldávia (f)	[mow'davja]

| Russia (f) | Rússia (f) | ['husja] |
| Ucraina (f) | Ucrânia (f) | [u'kranja] |

Tagikistan (m)	Tajiquistão (m)	[taʒiki'stãw]
Turkmenistan (m)	Turquemenistão (m)	[turkemenis'tãw]
Uzbekistan (m)	Uzbequistão (f)	[uzbekis'tãw]

150. Asia

Asia (f)	Ásia (f)	['azja]
Vietnam (m)	Vietnã (m)	[vjet'nã]
India (f)	Índia (f)	['ĩdʒa]
Israele (m)	Israel (m)	[izha'ɛw]

Cina (f)	China (f)	['ʃina]
Libano (m)	Líbano (m)	['libanu]
Mongolia (f)	Mongólia (f)	[mõ'gɔlja]

| Malesia (f) | Malásia (f) | [ma'lazja] |
| Pakistan (m) | Paquistão (m) | [pakis'tãw] |

Arabia Saudita (f)	Arábia (f) Saudita	[a'rabja saw'dʒita]
Tailandia (f)	Tailândia (f)	[taj'lãdʒja]
Taiwan (m)	Taiwan (m)	[taj'wan]
Turchia (f)	Turquia (f)	[tur'kia]
Giappone (m)	Japão (m)	[ʒa'pãw]
Afghanistan (m)	Afeganistão (m)	[afeganis'tãw]
Bangladesh (m)	Bangladesh (m)	[bãgla'dɛs]

| Indonesia (f) | Indonésia (f) | [ĩdo'nɛzja] |
| Giordania (f) | Jordânia (f) | [ʒor'danja] |

| Iraq (m) | Iraque (m) | [i'raki] |
| Iran (m) | Irã (m) | [i'rã] |

| Cambogia (f) | Camboja (f) | [kã'boja] |
| Kuwait (m) | Kuwait (m) | [ku'wejt] |

Laos (m)	Laos (m)	['laws]
Birmania (f)	Birmânia (f)	[bir'manja]
Nepal (m)	Nepal (m)	[ne'paw]
Emirati (m pl) Arabi	Emirados Árabes Unidos	[emi'radus 'arabis u'nidus]

| Siria (f) | Síria (f) | ['sirja] |
| Palestina (f) | Palestina (f) | [pales'tʃina] |

| Corea (f) del Sud | Coreia (f) do Sul | [ko'rɛja du suw] |
| Corea (f) del Nord | Coreia (f) do Norte | [ko'rɛja du 'nortʃi] |

151. America del Nord

Stati (m pl) Uniti d'America	Estados Unidos da América (m pl)	[i'stadus u'nidus da a'mɛrika]
Canada (m)	Canadá (m)	[kana'da]
Messico (m)	México (m)	['mɛʃiku]

152. America centrale e America del Sud

Argentina (f)	Argentina (f)	[arʒẽ'tʃina]
Brasile (m)	Brasil (m)	[bra'ziw]
Colombia (f)	Colômbia (f)	[ko'lõbja]

| Cuba (f) | Cuba (f) | ['kuba] |
| Cile (m) | Chile (m) | ['ʃili] |

| Bolivia (f) | Bolívia (f) | [bo'livja] |
| Venezuela (f) | Venezuela (f) | [vene'zwɛla] |

| Paraguay (m) | Paraguai (m) | [para'gwaj] |
| Perù (m) | Peru (m) | [pe'ru] |

Suriname (m)	Suriname (m)	[suri'nami]
Uruguay (m)	Uruguai (m)	[uru'gwaj]
Ecuador (m)	Equador (m)	[ekwa'dor]

| Le Bahamas | Bahamas (f pl) | [ba'amas] |
| Haiti (m) | Haiti (m) | [aj'tʃi] |

Repubblica (f) Dominicana	República (f) Dominicana	[he'publika domini'kana]
Panama (m)	Panamá (m)	[pana'ma]
Giamaica (f)	Jamaica (f)	[ʒa'majka]

153. Africa

Egitto (m)	**Egito** (m)	[e'ʒitu]
Marocco (m)	**Marrocos**	[ma'hɔkus]
Tunisia (f)	**Tunísia** (f)	[tu'nizja]
Ghana (m)	**Gana** (f)	['gana]
Zanzibar	**Zanzibar** (m)	[zãzi'bar]
Kenya (m)	**Quênia** (f)	['kenja]
Libia (f)	**Líbia** (f)	['libja]
Madagascar (m)	**Madagascar** (m)	[mada'gaskar]
Namibia (f)	**Namíbia** (f)	[na'mibja]
Senegal (m)	**Senegal** (m)	[sene'gaw]
Tanzania (f)	**Tanzânia** (f)	[tã'zanja]
Repubblica (f) Sudafricana	**África** (f) **do Sul**	['afrika du suw]

154. Australia. Oceania

Australia (f)	**Austrália** (f)	[aws'tralja]
Nuova Zelanda (f)	**Nova Zelândia** (f)	['nɔva zi'lãdʒa]
Tasmania (f)	**Tasmânia** (f)	[taz'manja]
Polinesia (f) Francese	**Polinésia** (f) **Francesa**	[poli'nɛzja frã'seza]

155. Città

L'Aia	**Haia**	['aja]
Amburgo	**Hamburgo**	[ã'burgu]
Amsterdam	**Amsterdã**	[amister'dã]
Ankara	**Ancara**	[ã'kara]
Atene	**Atenas**	[a'tenas]
L'Avana	**Havana**	[a'vana]
Baghdad	**Bagdá**	[bagi'da]
Bangkok	**Bancoque**	[bã'kɔk]
Barcellona	**Barcelona**	[barse'lona]
Beirut	**Beirute**	[bej'rutʃi]
Berlino	**Berlim**	[ber'lĩ]
Bombay, Mumbai	**Mumbai**	[mũ'baj]
Bonn	**Bonn**	[bɔn]
Bordeaux	**Bordéus**	[bor'dɛus]
Bratislava	**Bratislava**	[brati'slava]
Bruxelles	**Bruxelas**	[bru'ʃɛlas]
Bucarest	**Bucareste**	[buka'rɛstʃi]
Budapest	**Budapeste**	[buda'pɛstʃi]
Il Cairo	**Cairo**	['kajru]
Calcutta	**Calcutá**	[kawku'ta]
Chicago	**Chicago**	[ʃi'kagu]

| Città del Messico | Cidade do México | [si'dadʒi du 'mɛʃiku] |
| Copenaghen | Copenhague | [kope'ɲagi] |

Dar es Salaam	Dar es Salaam	[dar es sa'lãm]
Delhi	Deli	['dɛli]
Dubai	Dubai	[du'baj]
Dublino	Dublim	[dub'lĩ]
Düsseldorf	Düsseldorf	[duseldɔrf]

Firenze	Florença	[flo'rẽsa]
Francoforte	Frankfurt	['frãkfurt]
Gerusalemme	Jerusalém	[ʒeruza'lɛ̃]
Ginevra	Genebra	[ʒe'nɛbra]

Hanoi	Hanói	[ha'nɔj]
Helsinki	Helsinque	[ew'sĩki]
Hiroshima	Hiroshima	[irɔ'ʃima]
Hong Kong	Hong Kong	[oŋ'koŋ]
Istanbul	Istambul	[istã'buw]
Kiev	Kiev, Quieve	[ki'ɛv], [ki'eve]
Kuala Lumpur	Kuala Lumpur	['kwala lũ'pur]

Lione	Lion	[li'ɔŋ]
Lisbona	Lisboa	[liz'boa]
Londra	Londres	['lõdris]
Los Angeles	Los Angeles	[loz 'ãʒeles]

Madrid	Madrid	[ma'drid]
Marsiglia	Marselha	[mar'sɛʎa]
Miami	Miami	[ma'jami]
Monaco di Baviera	Munique	[mu'niki]
Montreal	Montreal	[mõtri'al]
Mosca	Moscou	[mos'kow]

Nairobi	Nairóbi	[naj'rɔbi]
Napoli	Nápoles	['napolis]
New York	Nova York	['nɔva 'jɔrk]
Nizza	Nice	['nisi]

Oslo	Oslo	['ɔzlow]
Ottawa	Ottawa	[ɔ'tawa]
Parigi	Paris	[pa'ris]
Pechino	Pequim	[pe'kĩ]
Praga	Praga	['praga]
Rio de Janeiro	Rio de Janeiro	['hiu de ʒa'nejru]
Roma	Roma	['homa]

San Pietroburgo	São Petersburgo	['sãw peters'burgu]
Seoul	Seul	[se'uw]
Shanghai	Xangai	[ʃã'gaj]
Sidney	Sydney	['sidnej]
Singapore	Cingapura (f)	[sĩga'pura]
Stoccolma	Estocolmo	[isto'kɔwmu]

| Taipei | Taipé | [taj'pɛ] |
| Tokio | Tóquio | ['tɔkju] |

Toronto	**Toronto**	[to'rõtu]
Varsavia	**Varsóvia**	[var'sɔvja]
Venezia	**Veneza**	[ve'neza]
Vienna	**Viena**	['vjɛna]
Washington	**Washington**	['waʃĩgtɔn]

www.ingramcontent.com/pod-product-compliance
Lightning Source LLC
Chambersburg PA
CBHW070552050426
42450CB00011B/2831